OBRAS

COLECCIÓN AUSTRAL
N.º 552

EL MARQUÉS DE SANTILLANA

OBRAS

EDICIÓN AL CUIDADO
DE AUGUSTO CORTINA

SEXTA EDICIÓN

ESPASA-CALPE, S. A.
MADRID

Ediciones especialmente preparadas para la

COLECCIÓN AUSTRAL

Primera edición: 30 - III - 1946
Segunda edición: 13 - XII - 1956
Tercera edición: 20 - VI - 1964
Cuarta edición: 28 - VI - 1968
Quinta edición: 31 - III - 1975
Sexta edición: 9 - XII - 1980

© *Espasa-Calpe, S. A., Madrid, 1946*

—

Depósito legal: M. 41.308—1980

ISBN 84–239–0552–7

Impreso en España
Printed in Spain

Acabado de imprimir el día 9 de diciembre de 1980

Talleres gráficos de la Editorial Espasa-Calpe, S. A.
Carretera de Irún, km. 12,200. Madrid-34

ÍNDICE

PRÓLOGO

La vida fragosa del marqués de Santillana —choques violentos y cálculos sinuosos en política, pleito interminable con parientes desaforados, ímpetu ascensional de religión y poesía— se conoce suficientemente. El ignorado autor de la CRÓNICA DE DON JUAN II y también Amador de los Ríos reunieron copiosas noticias. Este último, como apéndice de su edición monumental, excelente para su tiempo, traía juicioso inventario de la biblioteca de don Íñigo López de Mendoza. Menéndez Pelayo en parte de su luminoso estudio reelaboró los datos biográficos reunidos por Amador y otros compilados por don Tomás Antonio Sánchez. Finalmente, Schiff analizó de modo magistral la vida y cultura de don Íñigo en LA BIBLIOTHÈQUE DU MARQUIS DE SANTILLANE.

Basten, para estas páginas sumarias, algunos rasgos fundamentales. Hijo del almirante don Diego Hurtado de Mendoza y de su segunda mujer, doña Leonor de la Vega, nació —como el rabí de los PROVERBIOS MORALES— en la villa de Carrión de los Condes (19 de agosto de 1398) y murió en su palacio de Guadalajara (25 de marzo de 1458).

Aparece muy temprano en la vida pública como parcial de los infantes de Aragón, combatiendo contra don Álvaro de Luna, favorito de don Juan II, y también contra el monarca; banderizo después del monarca y del privado, es de los que se oponen al rey de

*Navarra y a los infantes, que intentaban invadir el
reino castellano. Rompe luego definitivamente con don
Álvaro y contribuye a su caída. Decapitan al privado
en Valladolid, y aún no satisfecho el odio de Santillana, tiene la crueldad de poner en boca del que había
sido árbitro de los destinos del reino la supuesta con-
fesión de un sinfín de tropelías (DOCTRINAL DE PRIVA-
DOS). Como capitán mayor del reino de Jaén, luchó
victoriosamente contra los moros. «¡Cómo serían los
restantes —exclama Menéndez Pelayo—, puesto que él
parecería haber sido el hombre de mejores entrañas
entre cuantos entonces intervenían en los negocios de
la república!»*

*Siendo niño perdió a su padre. Algunos parientes
usaron entonces no sólo de la ley sino de las armas
para conquistar parte de los extensos dominios de
López de Mendoza; pero su madre, dama integérrima,
defendió ardidamente las posesiones. Por añadirle poder, le concertó casamiento —cuando contaba solamente dos lustros— con doña Catalina de Figueroa;
pero, por la corta edad de los contrayentes, los despo-
sorios tuvieron lugar cuatro años más tarde.*

*Escribiendo siempre, aprovechando momentos que le
dejaban libres sus luchas infatigables, demostró, como
tantos ingenios españoles, que «la lanza no embota la
pluma, ni la pluma la lanza», o, como él decía: «la
ciencia non embota el fierro de la lanza, nin face floxa
el espada en la mano del caballero»; aunque, según
suele ocurrir, sus peleas de familia fueron las únicas
insolubles, ya que aún continuaba pavoroso expedien-
teo dos siglos después de la cristianísima muerte del
poeta. Sobre la ejemplaridad del tránsito, es digno de
leerse el DIÁLOGO O RAZONAMIENTO SOBRE LA MUERTE DEL
MARQUÉS DE SANTILLANA, obra de su capellán Pero
Díaz de Toledo.*

Hernando del Pulgar escribió su semblanza en los Claros varones de Castilla. *Entresacando y orde nando los trazos más firmes, obtenemos la imagen siguiente: Era de mediana estatura y «hermoso en las facciones de su rostro». Fué hombre agudo, discreto, magnánimo, de gran corazón. El perseguido, el atribulado, encontraba en él defensa y consuelo. Parco en el comer y beber, tenía singular continencia. Ni las grandes cosas le alteraban, ni entendía con gusto en las pequeñas. Celoso de sus fueros varoniles, afrontaba gallardamente los trabajos, así como reprendía las flaquezas que notaba en los demás. Adalid mesurado, era señor y compañero. Gobernó con autoridad, amado de todos y odiado de nadie. Tuvo claro renombre fuera de España. Y si es cierto que las virtudes traen alegría y los vicios tristeza, como estaba casi siempre alegre, bien se puede inferir que mucho más lo adornaron las primeras que lo señoreaban los segundos.*

El maestro Jorge Inglés pintó su retrato y también el de su esposa. Los dos, de rodillas, están rezando. Se hallan en la iglesia del hospital de Buitrago. Aquel pintor, con su técnica «irresoluta», donde —como dice Ortega y Gasset— «luchan Goticismo y Renacimiento», dió valor simbólico no solamente a la imagen de la marquesa de Santillana, que parece sentir junto con las renunciaciones medievales los atractivos de la vida, sino a la de López de Mendoza, quien por el clima cultural y guerrero en que alentó, por su curiosidad que avizoraba todas las posibilidades del siglo denso y abigarrado en que le tocó vivir, trajo a su obra escuelas y procedimientos diferentes y es nuncio de claros ingenios renacentistas.

Su sabiduría, su alcurnia, su dinamismo intelectual, su política belicosa, lo consagran como uno de los próceres más eminentes de LA COURT LITTÉRAIRE DE DON

JUAN II, *estudiada en dos volúmenes ya envejecidos por el conde de Puymaigre.*

Además de su lengua materna, conocía el latín (más el eclesiástico que el literario), el italiano, el francés, el provenzal, el galaicoportugués, el catalán.

Entre las traducciones de clásicos realizadas por encargo suyo, se cuentan el FEDÓN platónico, la ENEIDA de Virgilio, las METAMORFOSIS de Ovidio, las TRAGEDIAS de Séneca. También pidió a uno de sus hijos, el protonotario don Pero González de Mendoza, la versión castellana, a través del latín, de los primeros cantos de la ILÍADA. (Véanse las páginas 39 y 40.)

La biblioteca de su palacio de Guadalajara es índice del avance intelectual del siglo XV: sabemos ahora cómo el Marqués, hijo de la última Edad Media, se deleitaba en aquella relativa semioscuridad con los grandes autores clásicos para contribuir a las luminosas exhumaciones del Renacimiento.

Como murió sexagenario, tiempo tuvo para componer poemas doctrinales, para compartir su primitivo gusto provenzal y galaicoportugués con la más moderna influencia italiana, y aun para trazar su arte poética en el célebre PROEMIO.

Santillana, como el Alighieri, como el Petrarca, como todo el Renacimiento, heredaron la cortesía, la cultura estilizada de Provenza. El alegorismo le llegó de Italia y también de Francia. (Poseía tres códices del ROMAN DE LA ROSE, el soneto italiano tiene origen provenzal y el endecasílabo de Santillana es más de gaita gallega —también de origen provenzal— que itálico.)

La influencia italiana, grande sin duda en el Marqués, aparece hasta en los títulos: COMEDIETA DE PONZA (COMMEDIA de Dante), INFIERNO DE LOS ENAMORADOS (canto VI del INFIERNO), TRIUNFETE DE AMOR (TRIONFI de Petrarca), SONETOS HECHOS AL ITÁLICO MODO, CAN-

CIONES *(como en la* VITA NUOVA *dantesca y el* CANZO-NIERE *de Petrarca). Los diminutivos muestran la elegante humildad de Santillana frente a sus modelos. Usó y abusó, como tantos poetas de su centuria, de las alegorías, los sueños y las visiones.*

Accediendo a un pedido del condestable don Pedro de Portugal, le obsequió suntuoso códice con sus obras. Añadía sesuda carta que trae valiosas noticias del ámbito cultural del marqués.

Atiende la demanda con encantadora modestia, por cuanto considera que casi toda su producción es obra juvenil, indigna de vida perdurable. Devaneos propios de la edad de las justas y las danzas, adecuados al joven señor a quien el cancionero se dedica, no placen, o «no deben placer» a su ya maduro autor. Este «no deben placer» es impagable: bien sabía Santillana que su afición era congénita e iría con él hasta la muerte. Además, afirma que los varones doctos a quienes la gaya ciencia es infundida por Dios, la usan según las edades, así como los huertos dan frutos en las varias estaciones del año.

Es la cartaproemio una reseña criticoliteraria plausiblemente original, en que fija el valor de poetas bíblicos, griegos, latinos, italianos, franceses, provenzales, gallegos, catalanes, castellanos. Esas páginas del Marqués son, ante todo, un himno a la poesía. La considera grata no solamente a Dios, sino también a todo linaje de gentes, incansable cebo del ánimo y, en esencia, «fingimiento de cosas útiles, veladas con muy hermosa cobertura». Se canta en los templos, es recibida en cortes y palacios, en plazas y lonjas. Al tratar con alguna extensión de poetas antiguos y coetáneos, al puntualizar las obras de ellos, no lo hace ociosamente, porque no se lo permitirían ni sus años ni la turbación de los tiempos en que vive. Lo cual es nuevo testimonio del respeto que la gaya ciencia le inspira.

En ella distingue tres grados: sublime, mediocre, ínfimo. Sublimes son los poetas que metrificaron en griego y en latín (se comprende que también los antedichos hebreos del ANTIGUO TESTAMENTO*); mediocres, los primitivos versificadores en lenguas vulgares, como el boloñés Guido Januncello y el provenzal Arnaldo Daniel; ínfimos «aquellos que sin ningún orden, regla ni cuento (cómputo, es decir, medida), hacen estos romances y cantares de que las gentes de baja y servil condición se alegran».*

Su admiración por la antigüedad clásica le hace poner en lugar preferente a griegos y latinos. Ubica en segundo término a los que primero rimaron en lenguas neolatinas (italiano, provenzal) y glorifica, como es justo, a los más grandes (Dante, Petrarca, Boccaccio). No desprecia, según suele creerse, todo lo popular. Considera ínfimos los primeros romances (los que hoy llamamos viejos) por su serie indefinida de pies y su versificación fluctuante. Le preocupaba el cuento de las sílabas, e insiste con frecuencia en este punto. Por otra parte, reconoce que en España el arte poética se ha cultivado «asaz prudente y fervorosamente».

Cita, de los hebraicos, a Moisés, Josué, David, Salomón, cuyos versículos demuestran la supremacía que «los rimos y metro» tienen sobre la prosa: el verso la supera en autoridad y perfección. De los griegos, menciona a Homero; de los latinos, a Ennio y Virgilio. «Mas dejemos las historias antiguas», dice a continuación, y empieza copioso comentario de autores que le son más conocidos: el Alighieri, que «escribió en tercio rimo, elegantemente, sus tres comedias: INFIERNO, PURGATORIO, PARAÍSO*; el Petrarca, «poeta laureado»; el Boccaccio, «poeta excelente y orador insigne». Elogia,* *de los franceses, a Guillermo de Lorris y a Juan de Meung, autores del* ROMAN DE LA ROSE; *a Pedro Michault y Alain Chartier. Amaba las letras francesas, creía que los franceses superaban a los italianos en «el guardar del arte», o sea, por el artificio de sus formas métricas. Se ocupa en Galicia y Portugal, «donde no es de dudar que el ejercicio de estas ciencias más que en ningunas otras regiones de España se acostumbró». Tanto es así que castellanos, andaluces y extremeños componían versos líricos en galaicoportugués. Su información más copiosa se refiere a poesía de España; castellana, catalana, gallega. Recuerda el* LIBRO DE ALEXANDRE; *a Alfonso el Sabio; al arcipreste de Hita; a Macías; a Pero López de Ayala; a Santob de Carrión, «que escribió muy buenas cosas»; a Sánchez de Talavera; a Fernández de Jerena; a Villasandino, «gran decidor», y sobre todo a micer Francisco Imperial, autor del* DECIR A LAS SIETE VIRTUDES, *a quien no llamaría «decidor» sino «poeta».*

Bien se comprende su respeto por el rabí, digno antecesor suyo en una de las formas poéticas que él prefería: la didácticomoral. Muy explicable resulta también su saludo a micer Francisco, quien —temprano admirador del Alighieri— precede a Santillana y a todos los poetas españoles en el uso del endecasílabo italiano (que —pasando luego por Boscán— triunfaría con Garcilaso) y utiliza con tan encantadora frescura los recursos de la forma alegórica. Por eso añade: «si alguno en estas partes del ocaso mereció premio de aquella triunfal y áurea guirnalda, éste fué». Desfilan también Ferrand Manuel Lando, que «imitó más que ningún otro a Imperial». Alude a catalanes, valencianos y aragoneses, a los que califica de «grandes oficiales de este arte», y menciona a Ausias March, «gran trovador que aún vive». Ni tampoco deja, con

legítimo orgullo familiar, de aducir a varios de los su-
yos, cultores como él de las musas: su abuelo don
Pero González de Mendoza, «que hizo buenas cancio-
nes y serranas»; su hermano el duque don Fadrique,
también poeta, que «tenía en su casa grandes trovado-
res»; sus tíos don Fernán Pérez de Guzmán y don Pero
Vélez de Guevara. Emparentado con otros poetas de
más alto mérito, como el canciller Pero López de Aya-
la y don Gómez Manrique, no los menciona, sin em-
bargo.

Tales son las ideas que Santillana expresa en su
PROEMIO, *que tiene —entre otros— el mérito de ser*
el primer ensayo de historia literaria escrito en su
país.

Insistamos en su aprecio de lo popular. Recordemos
la colección de REFRANES QUE DICEN LAS VIEJAS TRAS EL
FUEGO, *primer repertorio paremiológico reunido en*
lengua romance. Si esta obra no fuera suya —como
cree Cronan—, el solo hecho de haberle sido atribuida
demuestra que lo popular no chocaba con sus gustos.

El DECIR CONTRA LOS ARAGONESES *incluye varios re-*
franes: «uno piensa el bayo / y otro el que lo ensilla»
(una cosa piensa la cabalgadura y otra quien le pone
los arneses), «el que arma manganilla *(engaño, tre-*
ta) / asaz veces cae en ella», «tal se piensa santi-
guar / que se quebranta los ojos», «ni por mucho ma-
drugar / no amanece más ayna *(pronto), «el escaso,*
con franqueza, / da de lo ageno a montones».

En una canción glosa el dicho: «tan lejos de
ojos / tan lejos de corazón». En el villancico *dedica-*
do a tres hijas suyas, engarza —como después harán
Lope y otros— cantares de pueblo: «aguardan a mí,
(guárdanme) / nunca tales guardas vi», «la niña que
amores ha, / sola ¿cómo dormirá?», «dejadlo al villano
pene, / véngueme Dios deile» (dejad al villano que

pene, / véngueme Dios de él), «suspirando iba la
niña / y no por mí, / que yo bien se lo entendí».

Motivos populares que cristalizan en un villancico,
y la estilización cortesana con que tales motivos se
desarrollan se unen con destreza en las serranillas.
Por último, si la poesía place a hombres de cualquier
condición, si frecuenta plazas y lonjas (como siguiendo a Casiodoro dice don Íñigo), resulta evidente que
para él no es tan sólo arte aristocrático, divorciado de
lo popular. Y aquel «fingimiento de cosas útiles», según la define, lo señala como poeta medieval, cuya
más alta concepción es la obra didáctica. Sin embargo,
es evidente que no gustaba del romancero, desvío que
hoy nadie comparte.

En otras ocasiones glosa cantares de origen erudito,
como los versos de Macías: «cativo de miña tristura»
(insertos en la QUERELLA DE AMOR) y otros que apa-
recen en sus canciones.

Las diez serranillas del marqués de Santillana, de
carácter líriconarrativo como las de Juan Ruiz, fueron
escritas en la juventud. El verso fluyente, la gracia de
ciertas expresiones e imágenes, la rapidez y a veces la
vaguedad logran poemitas coloridos, musicales, per-
fectos. Ni las obras morales, ni tampoco las alegóri-
cas —a pesar de las grandes aspiraciones de todas
ellas— tienen el subido valor poético de estas y otras
obras menores del autor (canciones, decires, villancicos).

La estructura de una serranilla de López de Mendoza es la siguiente: un villancico inicial de tres o cuatro versos y, en seguida, varias estrofas que desen-
vuelven el tema enunciado. Las que comienzan con un
villancico de 3 versos, lo tratan en combinaciones métricas de 4 × 3 (SERRANILLAS II, III y IX); las que se
inician con uno de 4, en estrofas de 4 u 8 (I, IV, V,

VI, VIII y X). La SERRANILLA VII, *que es la más breve,
consta sólo de dos cuartetas. Siete* serranillas *son de
versos octosílabos y tres de hexasílabos.*

Pertenecen *todas a la entonces ya lejana escuela
provenzal, que no sólo estaba muerta en tiempos de
Santillana, sino en los más remotos de Juan Ruiz. Por
eso aquel influjo le llegó, como se ha dicho, a través
de los cancioneros galaicoportugueses. Tres conservan
resabios de aquella tradición castellana que asoma primero en villancicos anónimos y después en el arcipreste de Hita: la de la serrana salteadora. Recordemos
que el Marqués conocía el* BUEN AMOR *y lo menciona
en el* PROEMIO. *Pero hay en las* serranas *del uno y en
las* serranillas *del otro, diferencia evidente de clima
poético.*

Toda serranilla *es, en su núcleo central, un debate.
En las de Santillana, don Íñigo, de paso por lugarejos
que no deja nunca de especificar, bien designándolos,
bien ubicándolos con relación a otros más conocidos
—los nombres propios abundan—, encuentra una pastora. Casi todas apacientan vacas, una es ovejera,* otra
se dirige al olivar próximo para coger aceitunas.
¡Cuánta mención de sitios familiares para el Marqués!
Moncayo, Boxmediano, Torrellas, El Fallo, Trasmoz,
Veratón, Conejares, Travesaña, Moraña, Torres, Canena, Bedmar, Jamilena, Pegalajar... A veces *hay una
ligera evocación del paisaje: hacia Bovalo entre los
pinares, de mañana; tierra fragosa y verde prado; camino de Añón, cerca de Trasovares, junto a un manan-
tial; una joven con gran hato vacuno al pie de la montaña de Berzosa; el valle arbolado entre Gaona y Salvatierra; las flores junto a Espinama.* «El paisaje
no está descrito —observa Menéndez Pelayo—, pero
está líricamente sentido, cosa más difícil y rara todavía.»

La serrana es, en todos los casos, hermosa. Arro-
gante, desafiando los primeros fríos de otoño, surge
la de Moncayo, más clara que el lucero del alba; la del
camino a Lozoyuela es apetecible como fruto tempra-
no; Menga de Manzanares realza con el canto su her-
mosura; la moza de Bores lucha plácida, fresca; y,
cautivante, irónica, guarda vacas en verde y florido
prado, la que con su gracia excede a las rosas prima-
verales, la impar vaquera de Hinojosa.

Los abigarrados atavíos de las rústicas competirían
con los finos arreos de las damas. La novia del vaque-
rizo luce saya ceñida y reluciente collar labrado; la de
Lozoyuela, túnica amarilla tomada con áureo broche;
tocada de níveos lienzos, la moza de Bedmar viste ne-
gro manto y calza ingrávidos alcorques; la de Lepúz-
coa, rostro luminoso, lleva capa de grana.

Casi siempre se enamora el poeta de modo súbito;
pero, en alguna ocasión, lo detiene un puntillo de
honra caballeresca: si su voluntad no estuviese cautiva
en otra parte, se podría rendir al nuevo encanto (por-
que todas, hasta la más graciosa, palidecen ante la
dama de sus dilecciones).

El diálogo empieza, por lo general, con un saludo:
«Dios os mantenga», «Dios te salve, hermana», «Des-
pués que la hube salvado (saludado), le pregunté de
dónde venía». Sigue luego un debate que tiende al
posible triunfo de amor. El elogio es siempre inten-
cionado, la gracia rezuma en los términos. «Aunque
vengas de Aragón, aquí serás castellana», dice a una;
y a otra: «No vayáis sola, me sería muy doloroso si os
apresaran los moros de Abdilbar»; a otra: «¿Y vos
sois villana? ¡Juro que no sois villana!» No hay nin-
guna más bella que la de Berzosa; a la de Lepúzcoa
cualquier hombre la querría, «no digo que como her-
mana»; seducido por una canción de la de Manzana-

res, hará cuanto ella ordene; si lo manda la de Bores,
se tornará rústico y el bramido de las bestias en celo
ha de serle más grato que la voz del ruiseñor.

A la insinuante cortesía del galán, la moza suele
responder coquetamente. Le amaga una con Mingayo,
para confesar luego que no existe; ésta, insobornable,
se guarda para el vaquero de Moraña; aquella, para
Pascual de Bustares; algunas, como la de Bedmar o la
de Hinojosa, lo sobrepujan en picardía y, sobradora-
mente, lo despiden.

Hay, pues, por lo general, un desenlace. Tres son di-
chosos: una lo hace partícipe de la merienda que guarda en el zurrón y lo invita para que ahuyenten juntos
los invernales fríos de febrero, tal sufre violencia, cual
se oculta con él entre las flores que, delicadamente,
celan el secreto. Tres finales son desventurados: «Gra-
cias por vuestra gran cortesía, pero me defenderán
Miguel de Familena y los suyos», «la de Hinojosa no
quiere ni querrá amar», «hago bodas con Antón».

Cuatro serranillas no tienen desenlace. En una, sólo
subraya el poeta la lozanía de la que, en modo alguno,
parece ser villana; en otra, no consentirá que la joven
case con quien no sabría comprenderla; ensalza en
otra don Íñigo una beldad, oscurecida únicamente por
la de su aristocrática dama. Cierta vez, se contenta
con afirmar que no ha visto mujer más graciosa.

En tres casos la zagala es bravía; pero su acometi-
vidad no llega nunca a los extremos de violencia de las
de Juan Ruiz ni a los de LA SERRANA DE LA VERA. La de
Moncayo, que se arroja sobre él diciéndole: «¡Preso,
montero!», es más clara que el alba; la prometida de
Antón, que lo amenaza con un dardo, es moza lozana;
Menga de Manzanares guarda la vereda y exige peaje
so pena de luchar a brazo partido, pero cae vencida
entre los olorosos tomillares. Él se defiende: «a pesar de

*mi traje, no soy pastor sino frontero; es verdad que
me veo solo como Pelayo, pero no deben confundir-
me con él».*

Nacieron estas *graciosas* serranillas *en el fragor
de las luchas. Dos, durante su campaña contra los aragoneses. «En Ágreda soy frontero», dice en una, y en
otra: «Aunque vengas de Aragón, Desta serás castellana.» La de la mozuela de Bores parece compuesta
en Liébana, como de la biografía del Marqués se des-
prende, y surgió en una de las rencillosas entradas en
sus pagos. La de la moza de Bedmar es flor de sus an-
danzas en la frontera de Jaén. Así, pues, mientras gue-
rreaba con los aragoneses y con los sarracenos, sabía
galantear a las aragonesas y a las moras, como el don
Luis de Zorrilla:* «adorar a las francesas y reñir con
los franceses».

*En cuanto a la verdad de las aventuras santillanes-
cas, consideremos que nacen de una tradición literaria,
como las del Arcipreste: ignoramos por ello hasta qué
punto puedan reflejar la realidad.*

*La literatura provenzal, cortesana y artificiosa, flore-
ció a fines del siglo XI y tuvo grande influencia en
Italia y en España. Llegó a la Península Ibérica durante los siglos XIII y XIV. Penetraba por dos lugares: Santiago de Compostela y Cataluña. El influjo
de Provenza —poderoso, indudable— arraigó en Portugal, en Galicia, en Castilla; pero sobre todo en poetas galaicoportugueses. A Castilla llegó en la segunda
mitad del siglo XIV, y a través de Galicia y Portugal.
Hay, pues, en las* serranillas *de Santillana, rasgos
afines, de carácter galaicoportuguésprovenzal, ni fácil
ni necesariamente discriminables. Pero además flo-
recía en la Península, desde los remotos orígenes líricos, un tipo de* serrana *que —como ha observado Menéndez Pidal— aparece como castellano. Figura en ta-*

les composiciones una mujer salteadora, muchas veces grotesca. Se halla, primero, en villancicos anónimos, que pueden ser anteriores a Juan Ruiz; surge, con vigor singular, en el LIBRO DE BUEN AMOR; *asoma en tres serranillas de Santillana y reaparece, inconfundible, en Carvajales, Bocanegra, el Romancero, Lope de Vega, Vélez de Guevara, Valdivielso. Conviene señalar su itinerario.*

El arcipreste de Hita y el marqués de Santillana están separados por una centuria, o —mejor dicho— unidos por ininterrumpida tradición literaria: el uno ríe pletórico en la primera mitad del siglo XIV y el otro sonríe señoril en la primera mitad del XV.

Las pastoras de Santillana son lindas, inteligentes, normales; las de Juan Ruiz, feas y a menudo monstruosas, no sólo eso: batalladoras, hombrunas. Moran en los desfiladeros de la sierra, y los pobres caminantes, que se atemorizan al toparlas, deben pagar portazgo, o —al menos— prometerles algún don. Entonces se los echan al hombro, los conducen y evitan ellos les den tremendo golpe con el cayado, o les arrojen descomunal piedra con la honda. Son hembras forzudas que, además de cuidar su ganado, guían al viandante perdido en la nieve y, sin prejuicio ninguno, lo hacen parcionero de su jergón y de su vianda.

Cuatro son las serranas de Juan Ruiz, *las cuatro líriconarrativas. Cuenta el autor sus aventuras en el Guadarrama, reales o supuestas, suyas o de otro, porque el* LIBRO DE BUEN AMOR *—según lo interpreta Leo Spitzer—, a pesar de su forma autobiográfica, no es una autobiografía. Luego el Arcipreste, como interesado por el tema, vuelve a repetir lo mismo en otras tantas poesías cantables. Cuando repite, no lo hace puntualmente: juguetea, se aparta todavía más de la anterior y ficticia realidad. (Sus* serranas *no son realis-*

tas como muchos creen: siguen una tradición literaria,
y —como dice María Rosa Lida— resultan parodia de
la dama gentil.)

Emplea Ruiz para estas obras el tetrástrofo mono-
rrimo (coplas de cuatro versos de catorce o dieciséis
sílabas cada uno, regidos por un mismo consonante).
Con la mezcla de versos de catorce y dieciséis sílabas,
logra su copla una movilidad y amplitud superiores a
las del viejo mester de clerecía, cuyo cómputo suele
ser de catorce. Las cantigas de serrana con que cele-
bra después lo sucedido, son, en cambio, de verso breve: seis, siete y ocho sílabas. Cuando escribe: «Cerca
la Tablada, La Sierra pasada, Fálleme con Alda, A la
madrugada... Ya a la decida (bajada), Di una corri-
da: Fallé una serrana Fermosa, lozana E bien colo-
rada...», sus hexasílabos son tan armoniosos, la poesía tan lograda, que anuncia dignamente a LA VAQUERA
DE LA FINOJOSA.

Cuenta don Íñigo, para los dos tipos de serranillas
(pastoras viriloides y mujeres bellas) con anteceden-
tes de familia: una serrana de su abuelo, don Pero
González de Mendoza, con protagonista fornida, y otra
de su padre, don Diego Hurtado de Mendoza, de mu-
chacha gentil.

Otros poetas del siglo XV, Carvajal (o Carvajales,
que de ambos modos se llama en los cancioneros) y
Francisco Bocanegra, componen serranillas dignas de
mención. Escribe Carvajal en Nápoles, en la corte de
Alfonso V, y compone dichas obras según los tipos
indicados. En ACERCA DE ROMA —versos musicales—
luce la manera cortesana: «Viniendo de la campaña,
Ya el sol se retraía, Vi pastora muy lozana, Que su
ganado recogía»; «Cabellos rubios pintados, Los bezos
gordos, bermejos, Ojos verdes y rasgados, Dientes

*blancos y parejos; Guirnalda traia de rama, Cantando
alegre venía; E si bien era villana, Fijadalgo parecia.»*

Otra serranilla *suya,* en cambio, tiene visos de parodia: *«Ejecutando (siguiendo apresuradamente) tras un
puercoespino, A muy grandes saltos venía la serrana: La rucia cabeza traia trasquilada, Las piernas pe-
losas bien como salvaje, Los dientes muy luengos, la
frente arrugada...»*

El ya mencionado Bocanegra, en una *serrana, evoca*
una joven alegre: *«Vila acompañada de muchos garzo-
nes, En danza reglada de acordados sones.»* La beldad
es su mejor adorno; pero el autor, como alguna vez
Santillana, recuerda que ya está enamorado y re-
trocede.

A principios de la décimosexta centuria, dos serranillas *de López de Mendoza fueron glosadas por
autor desconocido, posiblemente —piensa Leforestier—
Gonzalo de Montalbán. Son la II* (ANTÓN, EL VAQUERO
DE MORAÑA), *y la V* (ENTRE TORRES Y CANENA). *(Véanse las páginas 143-153.)*

La SERRANILLA II, *cuyos dos versos últimos glosa
Montalbán en un debate que alcanza 156, y este mismo
debate, sirvieron a Lope para una de las mejores es-
cenas de su comedia* EL VAQUERO DE MORAÑA.

Un romance anónimo de los montes de Toledo, *la*
SERRANILLA DE LA ZARZUELA *(de hacia 1420), muestra
una zagala «del bello donaire» que amorosamente aco-
ge a un viajero extraviado: «Yo me iba, mi madre, A
Villa Reale, Errara el camino En fuerte lugare...» Lope
lo aprovechó para su lindo auto* LA VENTA DE LA ZAR-
ZUELA.

A fines del siglo XVI, o a comienzos del XVII, surge
otro romance anónimo, el celebérrimo de *LA* SERRANA
DE LA VERA: *«Allá en Gargante la Olla, En la Vera de
Plasencia, Salteóme una serrana, Blanca, rubia, oji-*

morena...» Una mujer blanca y rubia, pero belicosa y sanguinaria, alberga a un pobre caminante. Lo mismo haría cualquiera de las de Juan Ruiz. Pero, ya en la choza, el hombre advierte un montón de calaveras. Son de antecesores suyos, que gustaron mortal aventura con tan extraordinaria cazadora. Oblígalo a encender lumbre, y lo convida luego con rica cena. Él quiere que la mujer se adormezca y, con cantares, lo consigue. Huye, los zapatos en la mano, y corre sin volver la cabeza. El monstruo lo persigue unas dos leguas por la serranía, saltando y bramando. Al fin, con la honda, le tira una tal piedra que tumba una encina con el golpe.

El asunto de LA SERRANA DE LA VERA gusta, en la Edad de Oro, a varios comediógrafos españoles. Lope de Vega y Luis Vélez de Guevara escriben, con igual título que el romance, una comedia cada uno; Josef de Valdivielso, un auto sacramental: LA SERRANA DE PLASENCIA.

Hemos llegado, con la serrana salteadora, hasta la primera mitad de la décimoséptima centuria. Retrocediendo unos dos siglos, podemos enfocar una variante que concierne al caballero y la pastora de las serranas. Dicha variante, en vez de mostrar un caballero enamorado de una rústica, presenta una señora prendada de un pastor. El cambio se documenta en un villancico anónimo, popular en la décimoquinta centuria, pero de origen más antiguo: «Garridica soy en el yermo, ¿Y para qué? Pues tan mal me empleé. ¡Ay, triste de mi ventura, Que el vaquero Me huye porque le quiero!» Aquí no aparece aún la condición social de la joven. El motivo cristaliza luego en una VILLANESCA de Juan del Encina: «Pedro, bien te quiero, Maguera vaquero.» «Has tan bien bailado, Corrido y luchado, Que m'has namorado Y d'amores muero...»

El gracioso ROMANCE DE LA GENTIL DAMA Y UN RÚS-
TICO PASTOR (siglo XVII) y en la actualidad un lindo
poemita de Cristóbal de Castro, LA MISMA COPLA, reco-
gen el tema. Dice aquel romance: «Pastor que estás en
el campo De amores tan descuidado, Escucha a una
gentil dama Que por ti se ha desvelado.» «Conmigo no
habéis hablado, Responde el villano vil; Tengo el ganado en la sierra, Y a mi ganadico me quiero ir...»

Hemos visto que toda serrana es un debate. Lope de
Vega, engarzando un cantarcillo popular, plantea la
disputa en su magnífica tragicomedia PERIBÁÑEZ (acto II): «Más quiero yo a Peribáñez Con su capa la
pardilla, Que al comendador de Ocaña Con la suya
guarnecida.» Los versos de Lope son, a su vez, imita-
dos por Luis Vélez de Guevara en LA LUNA DE LA SIE-
RRA (jornada II), y por Francisco de Rojas Zorrilla,
en DEL REY ABAJO, NINGUNO (jornada I).

La pastorcita palaciega y artificiosa vuelve a reapa-
recer en nuestros días en la PASTORELA DE ABANICO de
Juan Pujol, donde todo es, intencionadamente, antina-
tural, artificioso; pero está envuelto en hálito gentil
de fina gracia. Enrique de Mesa, bajo el nombre gené-
rico de SERRANILLAS, ha dejado unos quince poemas,
cada uno de los cuales tiene título individual.

En nuestro breve artículo, por razones explicables de
tiempo y espacio, sólo hemos podido trazar una semblanza del poeta, comentar su PROEMIO y marcar el
itinerario de las serranas y serranillas españolas.
Acaso con más vagar, dedicaremos al prócer estudio
más digno de su personalidad y de su obra.

Seguimos, para las OBRAS seleccionadas en esta edición, la de J. Amador de los Ríos. De ella dice Menéndez Pelayo: «El ilustre autor de la HISTORIA CRÍTICA DE
LA LITERATURA ESPAÑOLA levantó a la memoria del Marqués el más digno y perdurable monumento con la edi-

ción completa de sus obras, escrupulosamente coteja-
das con gran número de códices, e ilustradas con la
vida del autor, notas y comentarios. Este trabajo, pu-
blicado en 1852, es, sin género de duda, uno de los
que más honran la memoria de Amador de los Ríos, y
una de las mejores ediciones que tenemos de cualquier
autor clásico castellano.» (ANTOLOGÍA..., tomo III, pá-
gina XCII). Hemos tenido también a la vista el CAN-
CIONERO CASTELLANO DEL SIGLO XV de R. Foulché-Del-
bosc (I, 449-575), y las CANCIONES Y DECIRES que publicó V. García de Diego (Madrid, «La Lectura», 1913).
Puntuamos y acentuamos a la moderna.

AUGUSTO CORTINA

COMIENÇA EL PROHEMIO E CARTA QUEL MARQUÉS DE SANTILLANA ENVIÓ AL CONDESTABLE DE PORTUGAL CON LAS OBRAS SUYAS

Al illustre Señor don Pedro, muy maçífico Condestable de Portugal, el marqués de Santillana, conde del Real, etc., salut, paz e devida recomendaçión.

I. En estos días passados Álvar Gonçález de Alcántara, familiar e servidor de la casa del señor infante don Pedro, muy ínclito duque de Coymbra, vuestro padre, de parte vuestra, Señor, me rogó que los deçires e cançiones mías enviasse a la vuestra manifiçençia. En verdat, Señor, en otros fechos de mayor importançia, aunque a más trabajosos, quisiera yo complaçer a la vuestra nobleça; porque estas obras, o a lo menos las más dellas, non son de tales materias, nin asy formadas e artiçadas que de memorable registro dinas parescan. Porque, Señor, asy como el Apóstol diçe: *cum essem parvulus, cogitabam ut parvulus, loquebar ut parvulus.* Ca estas tales cosas alegres e jocosas andan e concurren con el tiempo de la nueva edat de juventut; es a saber: con el vestir, justar, con el dançar e con otros tales cortesanos exçerçiçios. E asy, Señor, muchas cosas plaçen agora a vos que ya non plaçen e non deven plaçer a mí. Pero, muy virtuoso Señor, protestando que la voluntat mía sea o fuesse non otra de la que digo, porque la vuestra sin impedimento aya lugar, e vuestro mandato se faga, de unas e de otras partes e por los libros e cançioneros agenos fiçe buscar e escrevir por orden, segunt que las yo fiçe, las que en este pequeño volumen vos envío.

II. Mas como quiera que de tanta insufiçiençia estas obretas mías que vos, Señor, demandades, sean, o por ventura más de quanto las yo estimo e reputo, vos quiero çertificar me plaçe mucho que todas cosas que entren o anden so esta regla de poetal canto, vos plegan: de lo qual me façen çierto asy vuestras graçiosas demandas, como algunas gentiles cosas de tales que yo he visto compuestas de la vuestra prudencia; como es çierto éste sea un çelo çeleste, una affectión divina, un insaçiable çibo del ánimo: el qual, asy como la materia busca la forma e lo imperffecto la perffectión, nunca esta sçiençia de poesía e gaya sçiençia se fallaron si non en los ánimos gentiles e elevados espíritus.

III. ¿E qué cosa es la poesía (que en nuestro vulgar gaya *sçiençia* llamamos) sinon un fingimiento de sosas útiles, cubiertas o veladas con muy fermosa cobertura, compuestas, distinguidas e scandidas por çierto cuento, pesso e medida? E çiertamente, muy virtuoso Señor, yerran aquéllos que pensar quieren o deçir que solamente las tales cosas consistan o tiendan a cosas vanas e lasçivas: que bien como los fructíferos huertos abundan e dan convinientes fruptos para todos los tiempos del año, asy los omes bien nasçidos e dottos, a quien estas sçiençias de arriba son infusas, usan d'aquellas e de tal exerçiçio segunt las edades. E si por ventura las sçiençias son desseables, asy como Tullio quiere, ¿quál de todas es más prestante, más noble, o más dina del hombre? ¿O quál más estensa a todas espeçies de humanidat? Ca las escuridades e çerramientos dellas ¿quién las abre, quién las esclaresçe, quien las demuestra e façe patentes sinon la eloqüençia dulçe e fermosa fabla, sea metro, sea prosa?

IV. Quánta más sea la exçellençia e prerrogativa de los rimos e metro que de la soluta prosa, si non solamente a aquéllos que de las porfías enjustas se cuydan adquirir soberbios honores, manifiesta cosa es. E asy façiendo la vía de los stoycos, los quales con grand diligençia enquirieron el orígine e cabsas de las cosas, me esfuerço a deçir el metro ser antes en tiempo e de mayor perfecçión e de más abtoridat que la soluta prosa. Isidoro Cartaginés, sancto arçobispo Ispalensi, asy lo aprueba e testifica; e quiere quel primero que fiço rimos o cantó en metro aya seydo Moysén, ca en metro cantó e propheitiçó la venida del Mesxías; e después dél Josué, en loor del vençimiento de Gabaón. David cantó en metro la vitoria de los philisteos e la restituyçión del archa del Testamento, e todos los çinco libros del *Psalterio*. E aun por tanto los hebraycos osan afirmar que nosotros non asy bien como ellos, podemos sentir el gusto de la su dulçeça. E Salomón metrificados fiço los sus *Proverbios,* e çiertas cosas de Job escriptas son e rimo, en espeçial las palabras de conorte que sus amigos le respondían a las sus vexaçiones.

V. De los griegos quieren sean los primeros Achatesio Millesio, e aprés dél Pherécides Siro e Homero, non obstante que Dante soberano poeta lo llama. De los latinos, Enio fué el primero, ya sea que Virgilio quieran que de la lengua latina aya tenido e tenga la monarchía; e aun asy plaçe a Dante alli donde diçe, en nombre de Sordello Mantuano:

> *O gloria del latin disse per cui*
> *Mostrò ciò che poeta la lingua nostra!*
> *O pregio eterno del loco ond'io fui!*

E asy concluyo, ca esta sçiençia poetal es açepta
prinçipalmente a Dios, e después a todo linage e espeçie de gentes. Afírmalo Cassiodoro en el libro de *Varias
causas,* diciendo: «Todo resplandor de eloqüençia e
todo modo e manera de poesía o poetal locución e
fabla, toda variedat ovo e ovieron començamiento de
las divinas Escripturas. Ésta en los deíficos templos se
canta, e en las cortes e palaçios imperiales e reales gra-
çiosamente es resçebida. Las plaças, las lonjas, las fies-
tas, los convites opulentos, sin ella asy como sordos e
en silençio se fallan.»

VI.   ¿E qué son o quáles aquellas cosas a donde,
oso deçir, esta arte asy como neçesaria non intervenga
e non sirva? En metro los ephitalamios que son cantares, que en loor de los novios en las bodas se cantan,
son compuestos. E de unos en otros grados aun a los
pastores en çierta manera sirven; e son aquellos dicta-
dos, a que los poetas bucóllicos llamaron. En otros
tiempos a las çeniças e defunçiones de los muertos metros elegíacos se cantavan; e aun agora en algunas
parte tura, los cuales son llamados endechas. En esta
forma Jeremías cantó la destruyçión de Hierusalem;
Gayo César, Octavio Augusto, Tiberio e Tito, emperadores, maravillosamente metrificaron, e les plogo toda
manera de metro.

VII.   Mas dexemos ya las estorias antiguas, pàra
allegarnos màs çerca de los nuestros tiempos. El rey
Roberto de Nápol, claro e virtuoso prínçipe, tanto esta
sçiençia le plogo, que como en esta mesma saçón miçer Françisco Petrarcha, poeta laureado, floresçiesse, es
çierto grand tiempo lo tovo consigo en Castil-Novo
de Nápol, con quien él muy a menudo confería e plati-
cava destas artes; en tal manera, que mucho fué avido
por açepto a él e grand privado suyo. E allí se diçe
aver él fecho muchas de las sus obras, asy latinas como

vulgares; e entre las otras el libro de *Rerum memo-
randarum,* e las sus églogas, e muchos sonetos, en
espeçial aquél que fiço a la muerte deste mesmo rey,
que comiença:

Rota el alta colupna e el verde lauro, etc.

VIII. Johan Bocaçio, poeta exçellente e orador in-
sine, afirma el rey Johan de Chipre averse dado más a
los estudios desta graçiosa sçiençia que a ningunas
otras; a asy peresçe que lo amuestra en la entrada
prohemial de su libro de la *Genealogía* o *Linage de los
Dioses Gentiles,* fablando con el Señor de Parma, men-
sajero o embaxador suyo.

IX. Cómo, pues, o por quál manera, Señor muy virtuoso, estas sçiençias ayan primeramente venido en
manos de los romançistas o vulgares, creo sería difíçil inquisiçión e una trabajosa pesquisa. Pero dexadas
agora las regiones, tierras e comarcas más longicas e
más separadas de nos, non es de dubdar que universal-
mente en todas de siempre estas sçiençias se ayan acostumbrado e acostumbran, e aun en muchas dellas en
estos tres grados, es saber: *Sublime, Mediocre, Ínfimo.*
Sublime se podría deçir por aquéllos que las sus obras
escrivieron en lengua griega o latina, digo metrificando.
Mediocre usaron aquéllos que en vulgar escrivieron,
asy como Guydo Janunçello, boloñés, e Arnaldo Daniel, proençal. E como quier que destos yo non he
visto obra alguna; pero quieren algunos aver ellos seydo los primeros que escrivieron terçio rimo e sonetos
en romançe. E asy como dice el philósopho, de los primeros, primera es la especulaçión. Ínfimos son aquéllos
que sin ningún orden, regla nin cuento façen estos
romançes e cantares, de que las gentes de baxa e servil
condiçión se alegran. Después de Guydo e Arnaldo

Daniel, Dante escrivió en terçio rimo elegantemente
las sus tres comedias: *Infierno, Purgatorio, Parayso*.
Miçer Françisco Petrarca, sus *Triumphos;* Checo Das-
coli, el libro *De Proprietatibus Rerum;* Johan Bocaçio,
el libro que *Ninfal* se intitula, aunque ayuntó a él prosas
de grand eloqüençia, a la manera del *Boeçio Conso-
latorio.* Éstos e muchos otros escrivieron en otra forma de metros en lengua itálica, que sonetos e cançiones
se llaman.

X.   Extendiéronse creo daquellas tierras e comarcas
de los lemosines estas artes a los gállicos a esta postrimera e occidental parte, que es la nuestra España,
donde assaz prudente e fermosamente se han usado.
Los gállicos e françeses escrivieron en diversas maneras rimos e versos, que en el cuento de los pies e bordones discrepan; pero el pesso e cuento de las síllabas
del terçio rimo, e de los sonetos e de las cançiones morales, eguales son de las baladas; aunque en algunas,
asy de las unas como de las otras, hay algunos pies
truncados que nosotros llamamos medios pies, e los
lemosís, françeses e aun catalanes, boqs.

XI.   De entre estos ovo omes muy doctos e señalados en estas artes; ca Maestro Johan Lorris fiço el
Roman de la Rosa, donde, como ellos diçen, *el arte de
amor es toda enclosa:* e acabólo maestre Johan Copi-
nete, natural de la villa de Meun. Michaute escrivió
asymesmo un grand livro de baladas, cançiones, ron-
deles, lays, virolays, e asonó muchos dellos. Miçer Otho
de Grandson, cavallero estrenuo e muy virtuoso, se ovo
alta e dulçemente en esta arte. Maestre Alen Charro-
tier, muy claro poeta moderno, e secretario deste rey
don Luis de Françia, en grand elegançia compuso e
cantó en metro, e escrivió el *Debate de las Quatro
Damas;* la *Bella Dama Sanmersi;* el *Revelle Matin;* la
Grand Pastora; el *Breviario de Nobles,* e el *Hospital*

de Amores; por çierto cosas assaz fermosas e plaçientes de oyr.

XII. Los itálicos prefiero yo, so enmienda de quien
más sabrá, a los françeses solamente. Ca las sus obras
se muestran de más altos engenios, e adórnanlas e com-
pónenlas de fermosas e pelegrinas estorias: e a los
françeses de los itálicos en el guardar del arte: de lo
qual los itálicos si non solamente en el pesso o consonar, non se façen mençión alguna. Ponen sones asymesmo a las sus obras, e cántanlas por dulçes e diversas maneras: e tanto han familiar açepta e por manos
la música, que paresçe que entre ellos hayan nasçido
aquellos grandes philósophos Orpheo, Pitágoras e Em-
pédocles; los quales, asy como algunos descriven, non
solamente las yras de los omes, mas aun a las furias
infernales con las sonorosas melodías e dulçes modula-
çiones de los sus cantos aplacavan. ¿E quén dubda que
asy como las verdes fojas en el tiempo de la primeve-
ra guarnesçen e acompañan los desnudos árboles, las
dulçes voçes e fermosos sones non apuesten e acompa-
ñen todo rimo, todo metro, todo verso, sea de qualquier
arte, pesso e medida?

XIII. Los catalanes, valençianos, e aun algunos del
reyno de Aragón fueron e son grandes offiçiales desta
arte. Escrivieron primeramente en trovas rimadas, que
son pies o bordones largos de síllabas, e algunos conso-
navan e otros non. Después desto usaron el deçir en
coplas de diez síllabas a la manera de los lemosís. Ovo
entre ellos de señalados omes, asy en las invençiones
como en el metrificar. Guillén de Berguedá, generoso
e noble cavallero, e Pao de Benbibre adquirieron entre
éstos grand fama. Mossen Pero March el viejo, valiente
e honorable cavallero, fiço assaz gentiles cosas, e entre
las otras escrivió proverbios de grant moralidat. En
estos nuestros tiempos floresçió Mossen Jordi de Sanct

Jordí, cavallero prudente, el qual çiertamente compusc
assaz fermosas cosas, las quales él mesmo asonava:
ca fué músico exçellente, e fiço, entre otras, una cançión de oppósitos que comiença:

Tots jorns aprench e desaprench ensems.

Fiço la *Passión de amor,* en la qual copiló muchas buenas cançiones antiguas, asy destos que ya dixe, comc
de otros. Mossen Febrer fiço obras notables e algunos
afirman aya traydo el Dante de lengua florentina en
catalán, non menguando punto en la orden del metrificar e consonar. Mossen Ausias March, el qual aún vive,
es grand trovador, e ome de assaz elevado espíritu.

XIV. Entre nosotros usóse primeramente el metro
en assaz formas: asy como el *Libro de Alixandre, Los
Votos del Pavón,* e aun el libro del Archipreste de
Hita. Aun desta guissa escrivió Pero López de Ayala,
el viejo, un libro que fiço de las *Maneras del Palacio,*
e llamáronlo *Rimos.* E después fallaron esta arte que
mayor se llama, e el arte común, creo, en los reynos
de Galliçia e Portugal, donde non es de dubdar que
el exerçiçio destas sçiençias más que en ningunas otras
regiones e provinçias de España se acostumbró; en tanto grado, que non han mucho tiempo qualesquier deçidores e trovadores destas partes, agora fuessen castellanos, andaluçes o de la Extremadura, todas sus
obras componían en lengua gallega o portuguesa. *E
aun destos es cierto resçevimos los nombres del arte,
asy como maestria mayor e menor, encadenados, lexa-
prén e mansobre* (1).

XV. Acuérdome, Señor muy manífico, seyendo yo
en edat non provecta, mas assaz pequeño moço, en

_____

(1) Las palabras en bastardilla faltan en el códice de
Alcalá.

poder de mi abuela doña Mençía de Cisneros, entre
otros libros aver visto un grand volumen de cantigas
serranas e deçires portugueses e gallegos, *de los quales
la mayor parte eran del rey don Donís de Portugal
(creo, Señor, fué vuestro bisabuelo)* (1); cuyas obras
aquéllos que las leían loaban de invençiones sotiles, e de
graçiosas e dulçes palabras. Avía otras de Johan Xoa-
res de Pavía, el qual se diçe aver muerto en Galiçia por
amores de un infante de Portugal; e de otro Fernant
González de Sanabria. Después destos vinieron Basco
Pérez de Camoes e Ferrant Casquiçio, e aquel grand
enamorado Maçías, del qual non se fallan sinon quatro
cançiones; pero çiertamente amorosas e de muy fermosas sentençias, conviene a saber:

> I.   *Cativo de miña tristura.*
> II.   *Amor cruel e bryoso.*
> III. *Señora, en quien fiança.*
> IV.   *Provey de buscar messura.*

XVI.   En este reyno de Castilla dixo bien el rey don
Alfonso el Sabio, e yo vi quien vió deçires suyos, e
aun se dice metrificava altamente en lengua latina. Vinieron después destos don Johan de la Çerda e Pero
Gonçález de Mendoça, mi abuelo: fiço cançiones, entre otras:

> *Pero te sirvo sin arte,*

e otra a las monjas de la Çaydía, quando el rey don
Pedro tenía el sitio contra Valençia; comiença:

> *A las riberas de un río.*

Usó una manera de deçir cantares, asy como sçénicos
Plauto e Terençio, también en estrambotes como en

---

(1) Las palabras en bastardilla faltan en el códice de
Alcalá.

serranas. Concurrió en estos tiempos un judío que se
llamó Rabí Santo: escrivió muy buenas cosas, e entre
las otras, *Proverbios morales,* en verdat de assaz com-
mendables sentençias. Púselo en cuento de tan nobles
gentes por grand trovador: que asy como él diçe en
uno de sus *Proverbios:*

> *Non vale el açor menos*
> *Por nasçer en vil nío,*
> *Nin los enxemplos buenos*
> *Por los desçir judío.*

Alfonso Gonçález de Castro, natural de la villa de
Guadalfaxara, dixo assaz bien e fiço estas cançiones:

> I. *Con tan alto poderío.*
> II. *Vedes qué descortesía.*

XVII. Después destos, en tiempo del rey don Johan,
fué el Arçediano de Toro; éste fiço:

> *Crueldat el trocamento,*

e otra cançión que diçe:

> *De quien cuydo et cuidé,*

e otra que diçe:

> *A Deus, amor, a Deus, el rey.*

E fué también Garçi Fernández de Gerena. Desde el
tiempo del rey don Enrique, de gloriosa memoria, padre
del rey nuestro señor, e fasta estos nuestros tiempos, se
començó a elevar más esta sçiençia e con mayor elegançia: e ha avido omes muy dotos en esta arte, e
prinçipalmente Alfonso Álvarez de Illescas, grand deçidor; del qual se podría deçir aquello que en loor de
Ovidio un grand estoriador describe; conviene a saber,

que todos sus motes e palabras eran metro. Fiço tantas
cançiones e deçires, que sería bien luengo e difuso
nuestro proçeso, si por extenso, aun solamente los prin-
çipios dellas a recontar se oviessen. E asy por esto,
como por ser tanto conosçidas e esparçidas a todas
partes las sus obras, passaremos a Miçer Françisco Imperial, el cual yo non llamaría deçidor o trovador, mas
poeta; como sea çierto que si alguno en estas partes
del Occaso meresçió premio de aquella triunphal e láu-
rea guirlanda, loando a todos los otros, éste fué. Fiço
al nasçimiento del rey, nuestro señor, aquel deçir
famoso:

> *En dos seteçientos e más dos e tres*

e muy muchas otras cosas graçiosas e loables.

XVIII. *Fernand Sanches Talavera, comendador de
la orden de Calatrava, compuso assaz buenos deçires.*
Don Pero Vélez de Guevara, mi tío, graçioso e noble
cavallero, asymesmo escrevió gentiles deçires e cançiones, entre otros aquél que diçe:

> *Julio Çésar, fortunado.*

Fernand Pérez de Guzmán, mi tío, cavallero doto en
toda buena dotrina, ha compuesto muchas cosas metrificadas, e entre las otras aquel epitaphio de la sepol-
tura de mi señor el Almirante, don Diego Furtado, que
comiença:

> *Onbre que vienes aquí de presente.*

Fiço muchos otros deçires e cantigas de amores,
a aun agora bien poco tiempo ha escrivió proverbios
de grandes sentençias, e otra obra assaz útil e bien
compuesta de las *Quatro Virtudes Cardinales.*

XIX. Al muy manífico Duque don Fadrique, mi
señor e mi hermano, plogo mucho esta sçiençia, e fiço
assaz gentiles cançiones e deçires: e tenía en su çasa

grandes trovadores, espeçialmente a Fernand Rodrí-
guez Portocarrero, e Johan de Gayoso, e Alfonso Gayoso de Moranna. Ferrand Manuel de Lando, honorable cavallero, escrivió muchas buenas cosas de poesía:
imitó más que ninguno otro a Miçer Françisco Imperial: fiço de buenas cançiones en loor de nuestra Señora: fiço asymesmo algunas envectivas contra Alonso
Álvarez, de diversas materias e bien ordenadas.

XX. Los que después dellos en estos nuestros tiempos han escripto, o escriven, cesso de los nombrar, porque de todos me tengo por dicho que vos, muy noble
Señor, tengades notiçia e conosçimiento. E non vos
maravilledes, Señor, si en este *Prohemio* aya tan exten-
sa e largaménte enarrado estos tanto antiguos, e después nuestros autores, e algunos deçires e cançiones
dellos, como paresca aver proçedido de una manera de
oçiosidat; lo qual de todo punto deniegan non menos
la edat mía que la turbación de los tiempos. Pero es
asy que como a la nueva edat me ploguiessen, fallélos
agora, quando me paresçió ser nesçesarios. Ca asy
como Oraçio, poeta, diçe:

Quem nova concepit olla servabit odorem.

XXI. Pero de todos éstos, muy manífico Señor, asy
itálicos como proençales, lemosís, catalanes, castellanos, portugueses e gallegos, e aun de qualesquier
otras nasçiones, se adelantaron e antepusieron los gállicos cesalpinos e de la provinçia de Equitania en el
solepniçar e dar honor a estas artes. La forma e manera cómo, dexo agora de recontar, por quanto ya en el
prólogo de los mis *Proverbios* se ha mençionado. Por
las quales cosas, e aun por otras muchas, que por mí,
e más por quien más sopiesse, se podrían ampliar e
decir, podrá sentir e conoscer la vuestra manificencia

en quánta reputación, *estima e comendación* (1) estas
sçiençias averse deven; e quánto vos, Señor Virtuoso,
devedes estimar que aquellas dueñas que en torno de
la fuente de Eliçón incessantemente dançan, en tan
nueva edat non inméritamente a la su compañía vos
ayan resçebido. Por tanto, Señor, quanto yo puedo
exhorto e amonesto a la vuestra manifiçençia que, asy
en la inquisiçión de los fermosos poemas como en la
polida orden e regla daquellos, en tanto que Cloto
filare la estambre, vuestro muy elevado sentido e pluma
non çessen, por tal que quando Atropos cortare la
tela, non menos délphicos que marçiales honores e
glorias obtengales.

---

(1)   Las palabras en bastardilla faltan en el códice de
Alcalá.

DON ÍÑIGO LÓPEZ DE MENDOÇA, MARQUÉS DE SANTILLANA, CONDE DEL REAL, A DON PERO GONZÁLEZ DE MENDOÇA, PROTONOTARIO, SU FIJO, ESCRIVE: SALUT.

I. Algunos libros e oraçiones he resçebido, por un pariente e amigo mío, este otro día, que nuevamente es venido de Italia, los quales asy por Leonardo de Areçio, como por Pero Caudiño, milanés, d'aquel príncipe de los poetas Homero, e de la *Historia Troyana,* que él compuso, a la qual *Iliade* intituló, traduçidos del griego a la lengua latina: creo ser primero, segundo, terçero e quarto, e parte del décimo libro. E como quier que por Guydo de Columna e informados de las relaçiones de Ditis, griego, e Dares, phrigio, e de otros muchos auctores, assaz plenaria e extensamente ayamos notiçia d'aquéllas, agradable cosa será a mí ver obra de un tan alto varón e quassi soberano príncipe de los poetas, mayormente de un litigio militar o guerra, el mayor e más antiguo que se cree aver seydo en el mundo. E asy, ya sea que non vos fallescan trabajos de vuestros estudios, por consolaçión e utilidat mía e de otros, vos ruego mucho vos dispongades; e pues que ya el mayor puerto, e creo de mayores fragosidades, lo passaron aquellos dos prestantes varones, lo passedes vos el segundo, que es de la lengua latina al nuestro castellano idioma,

II. Bien sé yo agora que, segunt ya otras veçes con vos e con otros me ha acaesçido, diredes que la mayor parte o quassi toda de la dulçura o graçiosidad quedan e retienen en sí las palabras e vocablos latinos: lo qual, como quiera que lo yo non sepa, porque yo non lo aprehendí, verdaderamente creo que los libros asy de *Sacra Scriptura, Testamento Viejo* e *Nuevo,* primeramente fueron escriptos en hebrayco que en latín, e en latín que en otros lenguajes en que oy se leen por todo el mundo, e doctrina, e enseñança a todas gentes; e después muchas otras historias, gestas fabulosas e poemas. Ca difíçil cosa seria agora que, después de assaz años e non menos trabajos, yo quisiesse o me despusiesse a porfiar con la lengua latina, como quiera que Tullio afirma Catón, creo Utiçense, en edat de ochenta años aprehendiesse las letras griegas; pero solo e singular fué Catón del linage humano en esto e en otras muchas cosas.

III. E pues non podemos aver aquello que queremos, queramos aquello que podemos. E si caresçemos de las formas, seamos contentos de las materias. A ruego e instançia mía, primero que de otro alguno, se han vulgariçado en este reyno algunos poemas, asy como la *Eneyda* de Virgilio, el libro mayor de las *Transformaçiones* de Ovidio, las *Tragedias* de Lucio Anio Séneca, e muchas otras cosas en que yo me he deleytado fasta este tiempo e me deleyto, e son asy como un singular reposo a las vexaciones e trabajos que el mundo continuamente trahe, mayormente en estos nuestros reynos. Asy que, aceptado por vos el tal cargo, prinçipalmente por la exçellençia de la materia e clara forma del poeta, e después por el traduçidor, non dubdedes esta obra que todas las otras será a mí muy más grata. Todos días sea bien de vos. De la mi villa de Buytrago, etc.

PROVERBIOS DE GLORIOSA DOTRINA E FRUCTUOSA ENSEÑANÇA

COMIENÇA EL PRÓLOGO

I. Sereníssimo e bien aventurado Príncipe: Diçe el maestro d'aquellos que saben, en el su libro primero e capítulo de las *Éthicas:* «Toda arte, dotrina e deliberación es a fin de alguna cosa.» El qual texto penssé traher a la vuestra noble memoria, por mostrar e notificar a la Vuestra Alteça, las pressentes moralidades e versos de dotrina, dirigidos o diferidos a aquélla; e que non sin cabsa hayan seydo, como algunas veçes por el muy illustre, poderoso, manífico e muy virtuoso señor Rey don Johan segundo, padre vuestro, me fuesse mandado los acabasse e de parte suya a la Vuestra Exçellençia los presentasse. E aun esto non es negado por ellos, como todavía su dotrina o castigos sea asy como fablando padre con fijo. E de averlo assy fecho Salomón, manifiesto paresçe en el su libro de los *Proverbios;* la entençión del qual me plogo seguir e quise que asy fuesse, por quanto si los consejos o amonestramientos se deven comunicar a los próximos, más e más a los fijos; e asy mesmo por quel fijo antes deve reçebir el consejo del padre que de ningund otro.

II. E por quanto esta pequeñuela obra me cuydo contenga en sí algunos provechosos metros acompañados de buenos enxemplos, de los cuales yo non dubdo que la Vuestra Exçellençia e alto engenio no caresca;

pero dubdando que por ventura algunos dellos vos fuessen ynotos, como sean escriptos en muchos diversos libros e la terneça de la vuestra edat non aya dado tanto
lugar al estudio d'aquellos, pensé de façer algunas bre-
ves glosas o comentos, señalándovos los dichos libros
e aun capítulos. Porque asy como dixo Leonardo de
Areçio en una *Epístola* suya al muy manífico ya dicho
señor Rey, en la qual le recuenta los muy altos e grandes fechos de los emperadores de Roma, naturales de la
vuestra España, diçiéndole gelos traía a memoria porque si a la Su Alteça eran conosçidos, lo quería com-
placer, e si ynotos, d'aquellos e por enxemplo dellos, a
alteça de virtud e a desseo de muy grandes cosas lo
amonestassen.

III. Por ventura, illustre e bienaventurado Príncipe,
algunos podrían ser ante la Vuestra Exçellençia, a la
presentaçión destos dichos versos, que pudiessen deçir
o dixeren que solamente basta al príncipe o al cavallero entender en governar o regir bien sus tierras, e
quando el caso verná defenderlas; o por gloria suya
conquerir o ganar otras; e ser las tales cosas super-
fluas e vanas. A los quales Salomón ha respondido en el
libro antedicho de los *Proverbios,* donde diçe: «la sçiençia e la dotrina los locos la menospreçiaron». Pero a
más abondamiento digo que ¿cómo puede regir a otro
aquél que a sí mesmo non rige?... ¿Nin cómo se rigirá,
nin se governará aquél que non sabe nin ha visto las
governaçiones e regimientos de los bien regidos e go-
vernados?... Ca para qualquier prática, mucho es nes-
çesaria la theórica, e para la theórica la prática. E por
çierto, de los tiempos aun non cuydo yo que sea el peor
despendido aquél en que se buscan e inquieren las vi-
das e muertes de los virtuosos varones; asy como, de
los gentiles, los Catones e los Çipiones; e de los chris-
tianos, los godos e los doçe pares; de los hebreos, los

Machabeos. E aun sy a Vuestra Exçellençia plaçe que tanto non nos alonguemos de las vuestras regiones e tierras, ayamos memoria del Çid Ruy Díaz e del conde Ferrand Gonçález; e de la vuestra clara progenie, el rey Alfonso el Magno e el rey don Ferrando, el qual ganó toda la mayor parte de la vuestra Andaluçía. Nin cale que olvidemos al rey de gloriosa memoria don Enrique, vuestro tercero abuelo, como las imágines d'aquellos o de los tales, asy como diçe Séneca en una *Epístola* suya a Lucilio, siempre deven ser ante vuestros ojos. Ca çiertamente, bienaventurado Prínçipe, asy como yo escrevía este otro día a un amigo mío: la sçiençia non embota el fierro de la lança, nin façe floxa el espada en la mano del cavallero. Nin sy queremos passar por la segunda *Década* de Tito Livio, fallaremos que Aníbal dexase la passada de los Alpes que son entre las Gallias e Savolla, nin la del Ruédano que es el Ros, nin después las cercas de Cappoa e de Taranto e de Nola, nin el sitio de los pululares de Roma (a donde se falla aver perdido el un ojo), por fuyr e apartarse de los trabajos corporales, tampoco de las lluvias, nieves e vientos: como Catón de follar las trabajosas sirtes de Libia, que se llama Ethiopía o mar arenoso, por los grandes calores, ençendidos e desmoderados fuegos, nin por el temor de los ponçoñosos áspides, nombrados sierpes pariaseas, cerastas, nin todos los otros linages de ponçoñoças serpientes; lo qual todo contrastava e resistía la su espada invicta. Nin las roncas e soberbiosas ondas del mar ayrado, nin las prenosticaçiones vistas, asy de la garça volar en alto, como de la corneja passearse presurosamente por el arena, nin después de las señales que eran vistas en la luna, las quales todas eran amonestaçiones del pobreçillo barquero, impidieron la passada del Çésar e Antonio: nin al mesmo César empacharon el passo las fuertes avenidas del río

Rubicón, nin fiço impedimento a Hipomedon la fondu-
ra del río Esopo contra Thebas. Mas antes creería,
bienaventurado Prínçipe, que las tales cosas provoquen
a todo ome a toda virtut, esfuerço e fortaleça, e a jud-
gar quel dolor non sea el soberano mal, nin el deleyte
el mayor bien, asy como Tullio lo diçe en el prólogo de
su postrimero libro del tractado *De offiçios*. Mas todas
estas cosas creería e determino ser asy como un es-
tímulo o espuelas atrayentes e provocantes a los omes
a toda virtut.

IV. Bienaventurado Prínçipe, podría ser que algunos, los quales por aventura se fallan más prestos a las
reprehensiones e a redargüir e emendar que a façer nin
ordenar, dixiessen yo aver tomado todo, o la mayor
parte destos *Proverbios* de las dotrinas e amonesta-
mientos de otros, asy como de Platón, de Aristótiles,
de Sócrates, de Virgilio, de Ovidio, de Terençio e de
otros philósophos e poetas. Lo qual yo no contradiría;
antes me pleçe que asy se crea e sea entendido. Pero
éstos que dicho he, de otros lo tomaron, e los otros de
otros, e los otros d'aquellos que por luenga vida e sotil
inquisiçión alcançaron las experiençias e cabsas de las
cosas. E asy mesmo podrían deçir aver en esta obra
algunos consonantes e pies repetidos, asy como si pa-
sassen por falta de poco conosçimiento o inadvertençia:
los quales creería non aver leydo las régulas del trovar,
escriptas e ordenadas por Remón Vidal de Besaduc,
ome assaz entendido en las artes liberales e grand trovador; nin la continuaçión del trovar fecha por Jufre
de Joxa, monge negro, nin del mallorquín, llamado
Berenguel de Noya; nin creo que ayan visto las leyes
del Consistorio de la gaya dotrina que por luengos
tiempos se tovo en el collegio de Tolosa, por abtoridad
é permissión del rey de Françia. Lo qual todo non
constriñe nin apremia a ningund dictador o componedor

que en rímico estillo, después de veynte coplas, dexe
repetiçión de consonantes allí o en lo lugares donde
bien le viniere, e el caso o la raçón lo nesçessitare, como
ya lo tal pueda ser más bien dicho libro o tractado que
deçir nin cançión, balada, rondel, nin virolay, guardando el cuento de las síllabas e las últimas e penúlti-
mas e en algunos logares las antepenúltimas, los yerros de los dipthongos e las vocales en aquellos logares
donde se pertenesçen.

V. Pues, bienaventurado Prínçipe, tornando al nuestro propóssito, Çipión Africano, el qual ovo este nombre por quanto conquistó toda o la mayor parte de
África, solía deçir, asy como Tullio lo testifica por el
dicho libro De offiçios, que nunca era menos oçioso
que cuando estava oçioso, nin menos solo que quando
estava solo: la qual raçón demuestra que en el oçio
penssava en los negoçios, e en la soledat se informava
de las cosas passadas; asy de las malas, para las aborresçer e fuyr dellas, como de las buenas, para se apli-
car a ellas e las façer a sí familiares. Del Çésar se falla
que todas las cosas que en el día passava que de notar
fuessen, las escrevía en la noche metrificadas e en tan
alto e elevado estilo que, después de su vida, apenas los
muy entendidos las entendían. Pues David e Salomón,
reyes de Israel, quánta fué la su exçellençia e sabiduría, bien es notorio e non poco manifiesto. E asy, de-
viniendo a los reyes pressentes, ¿cuál sería tan alta
sentençia de Claudiano, de Quintiliano, de Tullio, de
Séneca, que esconderse podiesse a los serenísimos prínçipes e de inmortal e muy gloriosa fama el señor rey
vuestro padre, la señora reyna, vuestra madre, el señor
rey de Aragón, vuestro tío?... En los quales mirando e
acatando asy como en claro espejo e diáfano véride, en
los convenientes tiempos la Vuestra Exçellençia deve
entender e darse a oyr e leer las buenas dotrinas, los

provechosos enxemplos e útiles narraçiones. E en conclusión, bienaventurado Prínçipe, con quanta devoçión
yo puedo, suplico a Vuestra Exçellençia que las co-
rrupçiones o defetos de la pressente ínfima e pequeñuela obra, la qual asy como mandado d'aquél que mandarme puede, es a saber, el señor rey progenitor vuestro, e como súbdito, siervo e fiel vasallo suyo, de parte
daquél vos pressento quiera tollerar; e si algo yo fa-
llesco, de lo qual non dubdo, lo quiera sofrir o compor-
tar. Cuya manífica persona e real Estado en uno con
los bienaventurados prínçipes e señores, el señor Rey,
padre vuestro, e la señora reyna, vuestra madre, la
Sancta Trenidad por luengos tiempos, prósperos e bienaventurados dexe vivir e prinçipiar, e después de la
luenga e gloriosa vida suya, reynar e imperar, asy como
el amor paternal d'aquéllos lo dessea e la Vuestra Manifiçençia lo meresçe. Amén.

COMIENÇAN LOS PROVERBIOS

CAPÍTULO I

DE AMOR E TEMOR

I

Fijo mío mucho amado,
Pára mientes
E non contrastes las gentes
Mal su grado:
Ama e serás amado,
E podrás
Façer lo que non farás
Desamado.

II

¿Quién reservará al temido
De temer,
Si discrepçión e saber
Non ha perdido?
Si querrás, serás querido.
Ca temor
Es una mortal dolor
Al sentido.

III

Çésar, segund es leydo,
Padesçió,
E de todos se falló
Desçebido:

Quien se pienssa tan ardido,
Pueda ser
Que sólo baste a façer
Grand sonido.

IV

¡Quántos vi ser augmentados
Por amor,
E muchos más por temor
Abaxados!
Ca los buenos, sojudgados,
Non tardaron
De buscar cómo libraron
Sus estados.

V

O fijo, sey amoroso
E non esquivo,
Ca Dios desama al altivo
Desdeñoso.
Del iniquo e maliçioso
Non aprehendas,
Ca sus obras son contiendas
Sin reposo.

VI

E sea la tu respuesta
Muy graçiosa:
Non terca nin soberbiosa,
Mas honesta.
¡Oh fijo!, ¡cuand poco cuesta
Bien fablar!
E sobrado amenaçar
Poco presta.

VII

Non te plegan altiveçes
Indevidas,
Como sean abatidas
Muchas veçes;
Non digo que te arrafeçes
Por tal vía,
Que seas en compañía
De soheces.

VIII

Refuye los novelleros
Deçidores,
Como a lobos dapnadores
Los corderos:
Ca sus lindes e senderos
Non atrahen
Sinon laços, en que caen
Los grosseros.

IX

Assuero, si non oyera,
Non usara
Justamente de la vara,
E cayera
En error que non quisiera
Encontinente,
E de fecho el inosçente
Padesçiera.

X

Ca muy atarde el absente
Fallan justo,
Nin por conseqüente injusto
Al presente.

Oye, e de continente
Jamás libres;
Pero guarda que delibres
Sabiamente.

XI

Ca de fecho delibrado
Non se atiende
Que segunda vez se emiende
Por errado:
Faz que seas enclinado
A consejo,
E non excludas al viejo
De tu lado.

XII

Tanto tiempo los romanos
Prosperaron
Quanto creyeron e onraron
Los ançianos;
Mas después que a los tiranos
Consiguieron,
Muy pocos pueblos vençieron
A sus manos.

CAPÍTULO II

DE PRUDENÇIA E SABIDURIA

XIII

Inquiere con grand cuydado
La sçiençia,
Con estudio e diligençia
Reposado

Non cobdiçies ser letrado
Por loor,
Mas sçiente reprehensor
De pecado.

XIV

Ca por ello fallarás
Quánto Dios
Ha fecho e façe por nos,
E demás
Por qué modo lo amarás,
Olvidado
El sueño que açelerado
Dexarás.

XV

A los libres pertenesçe
Aprehender
Dónde se muestra el saber
E floresçe;
Çiertamente bien meresçe
Preheminençia
Quien de dottrina e prudençia
Se guarnesçe.

XVI

El comienço de salut
Es el saber
Distinguir e conosçer
Quál es virtut.
Quien comiença en juventut
A bien obrar,
Señal es de non errar
En senetut.

XVII

Salomón sabiduría
Procuró,
Con la qual administró
La señoría
Del mundo e la monarchía
Universal,
Sin contienda nin egual
Compañía.

XVIII

Si fueres grand eloqüente,
Bien será;
Pero más te converná
Ser prudente:
Quel prudente es obediente
Todavía
A moral philosophía,
E sirviente.

XIX

Roboam non consiguiendo
Tales obras,
Mas en todas las çoçobras
Imprimiendo,
Molestando e defendiendo
Torpemente,
Fué menguado de su gente,
Non sintiendo.

XX

Fijo, sey de Dios sirviente,
Ca su yra
Revuelve, trastorna e gira
Encontinente:

Façe pobre del potente,
E acresçienta
Bienes, honores e renta
Al temiente.

XXI

Al tiempo e a la saçón
Sey conforme,
Ca lo contrario es ynorme
Perdiçión:
Aborresçe presumpçión,
Qués adverssaria
De la clara illuminaria
Cogniçión.

XXII

Ca Tiempo façe las cosas
E desfaçe,
E quando a Fortuna plaçe,
Las dapnosas
Se nos tornan provechosas
E plaçientes,
E las útiles, nuçientes,
Contrariosas.

XXIII

Fijo, sigue al entendido
E su ley,
E non blasphemes del Rey
En abscondido:
Fuya tu lengua e sentido
Tales redes,
Que en tal caso las paredes
Han oydo.

Capítulo III

DE JUSTIÇIA

XXIV

Non discrepes del offiçio
De justiçia
Por temores o amiçiçia
Nin serviçio:
Non gradescas benefiçio
En çessar
De punir e castigar
Melefiçio.

XXV

Ca esta es la linia reta
Que nos guía,
E muestra la justa vía
E perfeta:
Ésta fué por Dios eleta
E del çielo
Confirma que fué su vuelo
El Propheta.

XXVI

Pues ¿qué me dirás de Lento,
Senador,
Que pospuesto todo amor
E sentimiento,
Con el Fijo fué contento
Sin peccado
Cruelmente ser passado
Por tormento?

XXVII

Frondido, por observar
Lo que ordenó,
Prestamente se mató
Sin dilatar:
Pues debemos nos forçar
A bien façer,
Si queremos reprehender
E castigar.

CAPÍTULO IV

DE PAÇIENÇIA E HONESTA CORREPCIÓN

XXVIII

Non seas açelerado
Furioso,
Mas corrige con reposo
Al culpado:
Ca el castigo moderado
Es honesto,
E quando sobra denuesto,
Reprobado.

XXIX

Non refuses resçebir
Al contrito,
Nin te plega al afflito
Afflegir:

Que flaqueça es perseguir
Al que fuye,
E ánimo al que destruye
Ressistir.

XXX

Ca de la manifiçençia
Es perdonar
E sofrir e tollerar
Con paçiençia:
La messurada clemençia
Es virtut,
Reparo, vida e salut
De fallençia.

XXXI

¿Quál es en humanidat
Tan pecador,
Que judgado con amor
E caridat,
Se falle la su maldat
Intolerable?
Ca las armas del culpable
Son piedat.

XXXII

Siempre me plogo loar
Al que perdona,
Como sea grand corona
Sin dubdar,
E non menos reprovar
Pena de fierro,
Ca si passa, non es yerro
De emendar.

XXXIII

Non se entienda perdonar
Los torpes fechos,
Nin las leys e derechos
Usurpar:
Ca non es de tolerar
Al que mató,
Si de lexos contrayó
Dapnificar.

XXXIV

Ca sería crueldat
El tal perdón,
E contrario a la raçón,
De humanidat.
Nin se nombrara piedat
Mal permitir,
Mas dapnar e destruyr
Abtoridat.

CAPÍTULO V

DE SOBRIEDAT

XXXV

Quanto es bueno el comer
Por medida,
Que sostiene nuestra vida
De caer,
Tanto es de aborresçer
El glotón,
Que cuyda ser perfectión
Tal plaçer.

XXXVI

Mucho es digna de honor
Sobriedat,
Como sea una bondat
De grand loor;
Ca mitiga la furor
En honestat,
E ressiste en moçedat
Al loco amor.

XXXVII

Muy atarde vi pobreça
Conosçida
En persona bien regida,
Nin torpeça;
Mas la gula e la pereça
Do assentaron,
Poco fallo que miraron
A nobleça.

XXXVIII

Tiempo se deve otorgar
Al aprehender:
Que non se adquiere saber
Sin trabaxar.
Asy debes ordenar
El tu vivir,
Que pospongas mal dormir
Por bien velar.

CAPÍTULO VI

DE CASTIDAT

XXXIX

Sólo por augmentaçión
De humanidat,
Vé contra virginidat
Con discreçión:
Que la tal deleytaçión
Fiço caer
Del altíssimo saber
A Salomón.

XL

Por este mesmo peccado,
Fué David
En estrecha e fiera lid
Molestado;
E punido e desterrado
Como indino,
El soberbioso Tarquino
Non domado.

XLI

Non menos fué a Çipïón
La grand bondat
Que mostró de castidat
En perfectión:
Que la viril narraçión
Dél recontada,
La qual façe muy loada
Su nasçión.

XLII

Fuye de la oçiosidat
Con exerçiçios
Honestos, porque los viçios
Potestat
Non ayan nin facultat
De te prender:
Que non es poco vençer
Humanidat.

XLIII

Ca non sólo del errar
Es de fuyr,
Mas aun de lo presumir
Nin lo penssar.
¡Quánto se deve esquivar
Mal pensamiento,
Como aquél sea çimiento
Del obrar!

XLIV

Grand corona del varón
Es la muger,
Quando quiere obedesçer
A la raçón:
Non consigas opinión
En casamiento,
Mas elige con grand tiento
Discrepçión.

XLV

Ca los que buscan façienda,
Non curando
De virtudes, van buscando
Su contienda.

Sin reparo nin emienda
Es tal dapño:
Fijo, guarda tal engaño
Non te prenda.

XLVI

La beldat e fermosura
Loaría
Si las viesse en compañía
De cordura;
Mas atarde o por ventura
Se acordaron,
Nin muy lueñe se fallaron
De soltura.

XLVII

Non te digo quel estado
Femenil
Sea por tanto inutil
Nin menguado;
Ca por muchos fué loado
Altamente,
E con pluma diligente
Memorado.

XLVIII

Ca dexando aquella rosa
Que proçede
E bien como rayo exçede
Vigurosa,
Fija de Dios e su esposa
Verdadera,
De la humanidat lumbrera
Radïosa.

XLIX

Muchas buenas e honorables
Son fermosas,
Castas e muy virtuosas
E notables:
De las sanctas venerables
Fallarás
Assaz con este compás
Muy loables.

L

¿Qué diré de Catherina
Inosçente,
De las vírgines oliente
Clavellina?
Bien es de memoria dina
Su beldat,
E non menos por verdat
Su dottrina.

LI

Non se falla de belleça
Caresçer
Nin de fermosura Ester
E nobleça,
E de Judit bien se reça
Ser fermoça,
Mas viril e virtuosa
Sin torpeça.

LII

La gentil nasçión notable
Non consiento
Sea fuera deste cuento
Recordable,

Ca bien es inestimable
Su valor
E dina de grand loor
Memorable.

LIII

Athenesas e thebanas
Muchas son
Desta mesma condiçión,
E troyanas,
Elenesas, argianas
E sabinas,
Amaçonas, laurentinas
E romanas.

LIV

Fermosas con grand sentido.
Fueron Vagnes,
Dianna, Lucreçia e Damnes
Anna e Dido:
Nin se passe por olvido
Virginea,
Commo su gran fecho sea
Conosçido.

CAPÍTULO VII

DE FORTALEÇA

LV

Antepón la libertad
Batallosa
A servitut vergonçosa:
Que maldat

Es ser en captividat
Por fuyr
El glorïoso morir
Por dondat.

LVI

¡O, quánd bien murió Catón,
Si permitiesse
Nuestra ley e consintiesse
Tal raçón!
E non menos la opinión
Loo de Muçio,
Del qual façen Livio e Luçio
Grand mención.

LVII

Ca, fijo, si mucho amares
Tu persona,
Non esperes la corona
Que de Mares
Obternías si forçares
La temor,
Nin caresçerás de honor
Si la buscares.

LVIII

Aborresçe mal vivir
Con denuesto,
E siempre te falla presto
A bien morir:
Ca non se puede adquirir
Vida prestada,
Nin la ora limitada
Refuyr.

LIX

Codro quiso más vençer
Que non vivir,
E non refusó morir
E padesçer
Por ganar e non perder
Noble campaña:
Bien morir es por façaña
E de façer.

LX

Non te plega ser loado
En presençia
Commo sea de prudençia
Reprobado,
Pues si fueres denostado
Por oyr,
Non serás, por lo deçir,
Alabado.

LXI

Porque la mesma loor
En tu boca
Non ensalça, mas apoca
Tu valor:
Pues buscar la deshonor
Por ser onrado,
Ya paresçe averiguado
Ser error.

LXII

Los casos de admiraçión
Non los cuentes,
Ca non saben todas gentes
Cómo son;

Ca non es la perfectión
Mucho fablar,
Mas obrando, denegar
Luengo sermón.

CAPÍTULO VIII

DE LIBERALIDAT E FRANQUEÇA

LXIII

Usa liberalidat
E dá presto:
Que del dar, lo más honesto
Es brevedat.
Mensura la calidat
De al que darás;
E vista, non errarás
En quantidat.

LXIV

Alixandre con franqueça
Conquistó
La tïerra e sojudgó
Su redondeça;
Pues de Tito su largueça
Valerosa
Le da fama gloriosa
De nobleça.

LXV

Ca los thesoros de Mida
Reprovados
Son, en non punto loados
Nin su vida;

La respuesta non devida
De Antigono
Vergüeña façe al su trono
Conosçida.

LXVI

El pródigo non me plaçe
Que se alabe
Nin punto se menoscabe
Quien bien façe:
Verdat es que me desplaçe
La pobreça
E mucho más la escasseça
Donde yaçe.

LXVII

Más presto fué destruydo
El rey Dario
Del poderoso adversario
E vençido,
Que Fabriçio conmovido
A cobdiçia,
Nin a la torpe avariçia
Sometido.

LXVIII

Socorrer al miserable
Es offiçio,
E non lo façer es viçio
Detestable:
Ca del ánimo notable
Non se pienssa
Nin espera tal ofensa
Retractable.

Capítulo IX

DE VERDAT

LXIX

Ama e onra la verdat,
Non desviando,
Mas a aquélla conformando
Tu amistat:
Fija es de sanctidat
E fiel hermana
De la virtut soberana,
Honestat.

LXX

Marco Atilio non dubdando
Que muriesse,
Si a Cartágine volviesse,
Observando
La verdat, non dilatando
Se volvió
Onde luego padesçió
Retornando.

Capítulo X

DE CONTINENÇIA CERCA DE COBDIÇIA

LXXI

De los bienes de fortuna
Tantos toma
Que conserves de carcoma
Tu colupna:

Tal cupididat repuna,
Ca de fecho
Non es turable provecho
So la luna.

LXXII

Que quanto más adquirieres,
Más querrás;
Pues piensa quál vale más
Si bien sintieres:
Poseer grandes averes
Con tormento
O pocos ledo e contento,
Sin aferes.

LXXIII

Si desseares aver,
Sea por dar,
Ca nunca deve çessar
El bien façer:
Antes fallesca el poder
Que voluntat:
Que anexo es a caridat
El buen querer.

LXXIV

Las riqueças temporales
Presto fuyen,
E cresçen e disminuyen
Los cabdales.
Busca los bienes morales,
Ca son muros
Firmes, fuertes e seguros.
Inmortales.

LXXV

En malvada tiranía
Non entiendas;
Mas de su sobras e sendas
Te desvía.
Elige la medianía
De la gente,
La qual es vida pleçiente
Sin porfía.

LXXVI

Ca non piensses que el estado
E asçensión
Augmenten la perfectión
En mayor grado:
Mas acresçientan cuydado,
Ansia e pena;
Al libre ponen cadena,
Mal su grado.

LXXVII

Quiere aquello que pudieres
E non más,
Ca vemos de hoy a cras
Si lo atendieres,
Grandes triunphos e poderes
Derribados,
E los muy desconsolados
Ver plaçeres.

LXXVIII

Non confíes en asçenso
Sin medida,
Mas espera su cayda
E mal inmenso:

Nin te piensses que yo piensso
Quel malvado
Permanesca afortunado,
Sin desçenso.

LXXIX

Si quieres ser abondado,
Sey contento
Sólo de sostenimiento
Messurado:
Non sé ome trabajado
Por vivir,
Mas vi muchos por sobir
En estado.

LXXX

Pues fablemos la verdat:
Si has o tienes
Muy grand copia destos bienes
De maldat,
¿Quál es la seguridat
Que te segura
Que non vengas por ventura
En pobredat?

LXXXI

¡Quántos ricos son venidos
En pobreça,
E de soberana alteça
Son caydos!
¡Quántos fueron escarnidos,
Confiando
Deste loco e poco mando,
E perdidos!

LXXXII

Por tanto, si bien arguyo
Con maneras,
Non thesoriçes nin quieras
Lo non tuyo.
Pues si preguntares cúyo
Es, diré:
De Fortuna, e callarés,
Pues concluyo.

CAPÍTULO XI

DE INVIDIA

LXXXIII

Los passos de invidioso
Non consigas,
Nin sus vías, enemigas
A reposo,
Ca non es del virtuoso
Tal error,
Nin acto de gentil cor,
Valeroso.

LXXXIV

Invidia jamás procura
Sinon dapños,
Muertes, rigores, engaños
E rotura:
Pruébase por Escriptura
Que la fin
Basteçió de Abel Cayn,
Sin ventura.

Capítulo XII

DE GRATITUT

LXXXV

Siempre te sea delante
E bien fecho,
E quando fallares trecho,
Su semblante
Págalo con buen talante,
Liberando
Muy plaçiente, non penssando
El restante.

LXXXVI

¡O, quánto fué reprovado
Tholomeo
Por la muerte de Pompeo,
E menguado!
Por ingrato fué penado
Ezechías,
Quando Dios tentó sus días
Indinado.

Capítulo XIII

DE AMIÇIÇIA

LXXXVII

A quien puedas corregir
E consejar,
O te pueda amonestar,
Debes seguir:

Piensa mucho en elegir
Tu amistat,
Que te recuerde honestat
E buen vivir.

LXXXVIII

Al amigo te requiero
E castigo
Que lo guardes como amigo
Verdadero:
Non te digo al lisongero,
Que en dulçura
Da presente de amargura,
Falaguero.

LXXXIX

Si tovieres tu secreto
Abscondido,
Pienssa que serás avido
Por discreto:
Yo me soy visto subjeto
Por fablar,
E nunca por el callar
Fuy correto.

XC

Pero non piensses que digo
Que te çeles
Nin te reguardes nin veles
De tu amigo;
Ca sería el tal castigo
Deshonesto,
E tornarlo pronto e presto
Enemigo.

XCI

Mas en tales cosas pienssa
Que mostrar
Las puedas e revelar
Sin offensa
De la tu fama,
E deffensa
Tu sentido
De querrer lo non devido
Que te offensa.

CAPÍTULO XIV

DE PATERNAL REVERENÇIA

XCII

A los padres es devida
Reverençia
Filial e obediençia
Conosçida.
Del Señor es prometida
Çiertamente
Al fijo que es obediente
Luenga vida.

XCIII

Las pregarias de Venturia
Amansaron
Al romano, e apagaron
La su furia;
Mas la nefanda luxuria
Del tirano
Muerte le traxo de llano
Con injuria.

XCIV

Non conviene que olvidemos
A Absalón,
Mas su loca perdiçión
Recordemos.
Nunca vimos nin veremos
Quel ingrato
A Dios sea punto grato,
Pues notemos.

CAPÍTULO XV

DE SENETUT O VEJEZ

XCV

Non te desplega la edat
Postrimera,
Como sea la carrera
De bondat.
¡O, modesta vejedat,
La qual resfría
Los viçios de mançebía
E moçedat!

XCVI

Ésta face abtoridat
Al buen varón:
Cúmplelo de perfectión
E d'honestat.
¿Quién se pienssa en poca edat
Pueda elegir
El político vivir
En egualdat?

XCVII

Ésta fiço a los Catones
Sapïentes,
Militantes e valientes
Los Çipiones,
Ésta rige las legiones
Con destreça,
E judga con sabïeça
Las regiones.

CAPÍTULO XVI

DE LA MUERTE

XCVIII

Si dixieres por ventura
Que la humana
Muerte non sea çercana,
Grand locura
Es que piensse la criatura
Ser nasçida
Para siempre en esta vida
De amargura.

IC

Ca si fuesse en tal manera,
Non sería
Esperada el alegría
Que s'espera,
Nin la gloria verdadera
Del Señor
Jhesú, nuestro Redemtor,
Duradera.

C

Pues di: ¿por qué temeremos
Esta muerte,
Como sea buena suerte,
Si creemos
Que, passándola, seremos
En reposo
En el templo glorïoso
Que atendemos?

FIN

Concluyendo, en fin, te digo
Quel remedio
De todos viçios es medio
Ser contigo.
Si tomares tal amigo,
Vida inmensa
Vivirás, e sin offensa
Nin castigo.

DOTRINAL DE PRIVADOS,

FECHO A LA MUERTE DEL MAESTRE DE SANCTIAGO, DON ÁL-
VARO DE LUNA; DONDE SE INTRODUCE EL AUTOR, FABLAN-
DO EN NOMBRE DEL MAESTRE

I

Vi thesoros ayuntados
Por grand daño de su dueño:
Asy como sombra o sueño
Son nuestros días contados.
E si fueron prorrogados
Por sus lágrimas a algunos,
Destos non vemos ningunos
Por nuestros negros peccados.

II

Abrit, abrit vuestros ojos;
Gentíos, mirat a mí:
Quanto vistes, quanto vi,
Fantasmas fueron e antojos.
Con trabajos, con enojos,
Usurpé tal señoría:
Que si fué, non era mía,
Mas endevidos despojos.

III

Casa a casa ¡guay de mí!
E campo a campo allegué:
Cosa agena non dexé;
Tanto quise quanto vi:

¡Agora, pues, vet aquí
Quánto valen mis riqueças,
Tierras, villas, fortaleças,
Tras quien mi tiempo perdí!

IV

¡O fambre de oro rabiosa!
¿Quáles son los coraçones
Humanos que tú perdones
En esta vida engañosa?
Maguer farta, querellosa
Eres en todos estados,
Non menos a los passados
Que a los presentes dapñosa.

V

¿Qué se fiço la moneda
Que guardé, para mis daños,
Tantos tiempos, tantos años,
Plata, joyas, oro e seda?
Ca de todo non me queda
Sinón este cadahalso...
¡Mundo malo, mundo falso,
Non es quién contigo pueda!

VI

A Dios non refferí grado
De las graçias e merçedes,
Que me fiço cuantas vedes,
E me sostuvo en estado
Mayor e más prosperado
Que nunca jamás se vió
En España, nin se oyó
De ningund otro privado.

VII

Pues vosotros que corredes
Al gusto deste dulçor,
Temet a Nuestro Señor...,
Si por ventura queredes
Fabricar vuestras paredes
Sobre buen çimiento aosadas;
E serán vuestras moradas
Fuertes, firmes, non dubdedes.

VIII

Guardatvos de mal vivir,
Pues canes a noche mala
Non ladran, nin es quien vala
Si Dios lo quiere punir.
¿Qué os presta el refuyr
Nin contrastar a su yra?
Si s'aluenga, non se tira,
Nin se puede resistir.

IX

Ca si fuy deshonestado
O si quise proveer,
Bien se me deve creer;
Mas contrastar lo fadado,
O forçar lo que es forçado
A Dios sólo pertenesçe;
Pues quien non se lo meresçe,
Passe por lo destinado.

X

Deste favor cortesano,
Lo que nunca sope, sé:
Non advertí nin penssé
Quánto es caduco e vano.

Asy que de llano en llano,
Sin algund temor nin miedo,
Quando me dieron el dedo,
Abarqué toda la mano.

XI

Mal jugar façe quien juega
Con quien siente, maguer calle:
De lo que fiço en la calle,
¿Quién es el que se diesniega?
Ambiçión es cosa çiega
E resçibo dissoluto:
Poder e mando absoluto,
Fi de madre es quien lo niega.

XII

Lo que non fiçe, façet,
Favoridos e privados:
Si queres ser amados,
Non vos teman, mas temet.
Templat la cúpida set,
Consejat rettos juyçios,
Esquivat los perjudiçios,
La raçón obedesçet.

XIII

Ca si fuéredes medidos
En resçebir, non dubdedes:
Con mucha raçón faredes
A los otros comedidos.
Los discretos e sentidos
Pedirán, quando sirvieren;
Los otros, quando pidieren,
De poco les soys tenidos.

XIV

Por tanto, lo que diré,
Gentes de la nuestra Esperia,
Açerca desta materia,
Avetlo como por fee.
De todos me enseñoree
Tanto, que de mi señor
Cuydava ser el mayor,
Fasta que non lo cuydé.

XV

Aristótiles non creo
Sintió de philosophía,
Euclides de geometría
Nin del çielo Tholomeo;
Quanto desto devaneo,
Si queredes bien mirar
E vos puedo demostrar,
Nin de música Orpheo.

XVI

Privado tovo Abraham,
Maguer sancto patriarcha;
Privado tovo el monarcha
Assuero, que fué Amán;
E Joad, su capitán,
Privado fué de Davit;
Mas de todos, me deçit:
¿Quáles se me egualarán?

XVII

Ca todos los que privaron
Con señores e con reyes,
Non usaron tales leyes
Como yo, nin dominaron

por tal guissa, nin mandaron
En çevil nin criminal
A todos en general,
Nin piensso que lo penssaron.

XVIII

Todo ome sea contento
De ser como fué su padre;
La muger, quanto su madre,
E será devido cuento.
Bien permito, si buen viento
Les viniere de privança,
Lo resçiba con templança,
Con sesso e pesso e buen tiento.

XIX

E quiera la mediania
De las gentes e segure,
Non le plega nin procure
Extrema soberanía.
Ca sea por albaquía
O sea contado luego,
De raro passa tal juego
Sin pagar la demasía.

XX

¿Qué diré, si non temedes
Tan grand eclipse de luna
Qual ha fecho la fortuna,
Por tal que vos avisedes?
Fiçe graçias e merçedes,
Non comí solo mi gallo,
Mas ensillo mi cavallo
Solo, como todos vedes.

XXI

Pero bien lo meresçí,
Pues a quien tanto me fiço,
Fiçe por qué me desfiço:
¡Tanto m'ensoberbesçí!
Pues si yo non refferí
Las graçias que me fiçieron,
Si non me las reffirieron,
Non pida lo que non di.

XXII

Esta es egual menssura,
Pero non dina querella:
La raçón asy lo sella
E lo afirma la Escriptura:
Piensse toda criatura
Que segunt en esta vida
Midiere, será medida,
De lo qual esté segura.

XXIII

Fuy de la caridat
E caridat me fuyó:
¿Quién es el que me siguió
En tanta nesçessidat?
¿Buscades amor? Amat.
Si buenas obras, façetlas:
E si malas, atendetlas
De çierta çertinidat.

XXIV

Ca si lo ajeno tomé,
Lo mío me tomarán;
Si maté, no tardarán
De matarme, bien lo sé.

Si prendí, por tal passé;
Maltray, soy maltraydo;
Anduve buscando ruydo,
Basta assaz lo que fallé.

XXV

Pues el sotil palaçiano
Quanto más e más privare,
Por tal yerro no desvare,
E será consejo sano.
Exçesso luçifferano
Ya vedes cómo se paga,
E quien tal bocado traga
Górmalo tarde o temprano.

XXVI

Aun a vuestros compañeros,
Amigos e servidores,
Quanto más a los señores,
Set domésticos, non fieros.
Ca nuestros viejos primeros
Diçen súfrense las cargas;
Pero non las sobrecargas
Nin los pessos postrimeros.

XXVII

Son diversas calidades:
Non menos en los mayores
Qu'en medianos e menores,
Hay grandes contrariedades:
Pues, privados que privades,
Estudiat en las seguir,
Ca non se pueden servit
Mejor que a sus voluntades.

XXVIII

Unos quieren repossar,
A otros plaçen las guerras,
A otros campos e sierras,
Los venados e caçar,
Justas otros tornear,
Juegos, deleytosas danças
Otros tiempos de bonanças.
Sacrifiçios contemplar.

XXIX

Dexat vuestra voluntat.
E façet sus voluntades,
Aquéllos que desseades
Favores, prosperidat,
Honores e utilidat:
Mas guardat e non querades
Extremas extremidades,
Mas siempre vos moderat.

XXX

Ca si vos plaçe raçón,
De lo tal serés contentos:
¡Quánto luçen los augmentos
Tomados por opinión!
Refrénevos discreçión,
Apartatvos de tal fanga:
Que si entra por la manga,
Sale por el cabeçón.

XXXI

Los vuestros raçonamientos
Sean a loor de todos:
Que son muy útiles modos
Para los reyes contentos.

E serán buenos çimientos
De amor e de lealtat,
Casa de seguridat,
Firme contra todos vientos.

XXXII

Quànto la benefiçençıa
Sea dina de loar
En los que tienen logar,
Pruévolo con la esperiençia
Es otra mayor sapiençia
Que sólo por bien fablar,
Obtener, aver, cobrar
General benevolençia.

XXXIII

Mal façer ni mal deçir
No son honestos serviçios:
Que non se llaman offiçios
Los que muestran bien vivir.
Osatlos redargüyr,
En los consejos estrechos,
Todos fechos non bien fechos
E dinos de corregir.

XXXIV

E guardat que los serviçios
Sean bien remunerados;
Punidos e castigados
Los yerros e malefiçios:
Tales obras son offiçios
De los que sirven señores:
A mayores e menores
Abreviat los benefiçios.

XXXV

Consejat que los judgados
Sean por grand elecçión:
Non se den por gualardón
De serviçios, nin rogados.
Sean legos o letrados,
Mas tales que la raçón
Non tuerçan por affectión,
Por miedo, nin sobornados.

XXXVI

Aquí se me descobrieron
Erradas e todas menguas:
Tenet lo que vuestras lenguas
Juraron e prometieron.
Ya vedes si me nasçieron
Passatiempos, dilaçiones:
Todas gentes e nasçiones
Obras quieren e quisieron.

XXXVII

Más vale *non* prestamente
Que *sí* con mucha pereça,
Pierde gusto de franqueça
E muestra que s'arrepiente.
El liberal non consiente
Nin la tardança le plaçe;
Ca desfaçe lo que façe,
E desplaçe a toda gente.

XXXVIII

Contractar e confferir
Con vuestros e con ajenos,
Elegir siempre los buenos
Donde se deven seguir;

Bien façer e bien deçir,
Ca sean moços o viejos
Tales son los sus consejos
Qual es dellos su vivir.

XXXIX

Fasta aquí vos he contado
Las cabsas que me han traydo
En tan estrecho partido
Qual vedes que soy llegado.
Agora, pues, es forçado
De façer nueva carrera,
Mudaremos la manera
Del proçesso proçessado.

CONFESSIÓN

XL

Ca si de los curïales
Yerros tanto me reprehendo,
¿Qué faré, si bien lo entiendo,
De mis peccados mortales?
Ca fueron tantos e tales
Que, sin más detenimiento,
No dubdo mi perdimiento,
Señor, si tú non me vales.

XLI

Pues yo, peccador errado
Más que los más peccadores,
Mis delictos, mis errores,
Mis grandes culpas, culpado
Confiesso, muy enclinado
A ti, Dios, Eterno Padre,
E a la tu bendita Madre,
E después de grado en grado.

XLII

A todos los çelestiales
Por orden de theología.
A la sacra gerarchía
E coros angelicales,
En espeçie e generales,
Los finojos enclinados,
Vos confiesso mis peccados
Mortales e veniales.

XLIII

E a Vos, que las humanales
Vestiduras resçebistes,
E velando conseguistes
Las sessiones eternales,
Mis obras torpes e males
Confiesso, triste gimiendo,
E los mis pechos firiendo,
Diré quántos son e quáles.

XLIV

De los tus diez mandamientos,
Señor, non guardé ninguno,
Nin limosnas, nin ayuno,
Nin quaresmas, nin advientos;
Nin de tales documentos
Puestos so christiano yugo,
Non los fiçe nin me plugo,
Mas todos sus vedamientos.

XLV

A qualquiera peccador,
O que más o menos yerra,
Un peccado le da guerra
O se le façe mayor.

A mí quál sea menor
De los siete non lo sé,
Porque de todos pequé
Egualmente, sin temor.

XLVI

Non ministro de justiçia
Eres tú, Dios, solamente;
Mas perdonador clemente
Del mundo por amiçiçia.
Mi soberbia y mi cobdiçia,
Ira e gula non te niego,
Pereça, lasçivo fuego,
Envidia e toda maliçia.

XLVII

Los menguados non tarté:
Alguno, si me pidió
De vestir, non lo falló,
Nin los pobres reçepté,
Captivos non los saqué,
Nin los enfermos cuytados
Fueron por mí visitados,
Nin los muertos sepulté.

XLVIII

Çiertamente tantos males
Fiçe, que sólo penssarlos
Muero, ¿qué será penarlos,
Generales e espeçiales?
Passos, puentes, hospitales,
Donde fuera menester,
Se quedaron por façer,
Paresçe por las señales.

XLIX

Cay con los que peccaron;
Pues levántame, Señor,
Con los que con grand dolor
Absueltos se levantaron.
Misericordia fallaron
Aquellos que a Ti vinieron,
E sus culpas te dixieron,
E gimiendo las lloraron.

L

Grandes fueron mis peccados,
Grand misericordia pido
A Ti, mi Dios infinydo
Que perdonas los culpados.
Quantos son canoniçados
E vueltos de perdiçión,
Sólo por la contriçión
Son sanctos sanctificados.

LI

Non desespero de Ti,
Mas espero penitençia,
Ca mayor es tu clemençia
Que lo que te meresçí.
En maldat envesjesçí,
Mas demándote perdón:
Non quieras mi dapnaçión,
Pues para pecar nasçí.

LII

Mas sea la conclusión
Que de todos mis peccados,
Confessados e olvidados,
Quantos fueron, quantos son,

Señor, te pido perdón:
E a vos, maestro d'Espina,
Honesta persona e dina,
De su parte absoluçión.

CABO

LIII

Cavalleros e perlados,
Sabet e sepa todo onbre
Queste mi sermón ha nombre:
Dotrinal de los privados.
Mis días son ya llegados
E me dexan dende aquí:
Pues rogat a Dios por mí,
Gentes de todos estados.

DEFUNSSIÓN DE DON ENRIQUE DE VILLENA, SEÑOR DOTTO E DE EXÇELLENTE INGENIO

I

Robadas avían el Austro e Borea
A prados e selvas las frondes e flores,
Vençiendo los fuegos e grandes calores,
E ya mitigada la flama apolea,
Al tiempo que sale la gentil Ydea
E fuerça con rayos el ayre notturno
E los antipodes han claro diurno,
Segunt textifica la gesta Magnea.

II

Algunos actores en sus connotados
Pidieron favores, subsidio, valençia,
Al fulgente Apolo, dador de la sçiençia,
A Cupido e Venus los enamorados,
Al Jove tonante en otros tractados,
En bélicos actos al feroce Mares,
A las nueve musas en muchos logares,
A insines poetas vi recomendados.

III

Mas yo a ti sola me plaçe llamar,
O cíthara dulçe más que la d'Orpheo,
Que sola tu ayuda non dubdo, mas creo
Mi rústica mano podrá ministrar;

O biblïotheca de moral cantar,
E fuente meliflua do mana eloqüençia,
Infunde tu graçia e sacra prudençia
En mí, porque pueda tu planto expresar.

IV

Al tiempo e la ora suso memorado,
Asy como niño que sacan de cuna,
Non sé fatalmente o si por fortuna,
Me vi todo solo al pie de un collado
Selvático, espesso, lexano a poblado,
Agreste, desierto e tan espantable,
Ca temo vergüeña, non siendo culpable,
Quando por extenso lo avré relatado.

V

Yo non vi carrera de gentes cursada,
Nin rastro exerçido por dó me guiasse,
Nin persona alguna a quién demandasse
Consejo a mi cuyta tan desmessurada,
Mas sólo una senda muy poco usitada
Al medio d'aquella tan grand espessura,
Bien como de armento subiente al altura,
Del rayo dianeo me fué demostrada.

VI

Por la qual me puse sin toda esperança
De bien trabajado, temiente e cuydoso;
E pensar se puede quál era el reposo,
Porque yo toviesse otra confiança;
E aquélla siguiendo, sin más demorança,
Vi fieras difformes e animalias brutas
Salir de unas cuevas, cavernas e grutas,
Façiendo señales de grand tribulança.

VII

Ypólito e Fauno yo dubdo si vieron
Nin Chiro en Emathia tal copia de fieras
De tales nin tantas diversas maneras,
Nin las venadriçes que al monte se dieron;
Si nuestros auctores verdat escrivieron,
O por fermosura escuras fictiones,
En la selva Yda de tantas factiones
Bestias non fallaron los que las siguieron.

VIII

Non vi yo sus cuellos e crines alçadas,
Nin vi las sus bocas con furia espumantes,
Nin batir sus dientes, nin amenaçantes,
Nin de agudas uñas sus manos armadas;
Mas vi sus cabeças al suelo enclinadas,
Gimiendo tan tristes, bien como el león
Que el sancto Ermitaño mostró su pasión
Do fueron sus llagas sin temor curadas.

IX

Más admirativo que non pavoroso
De la tal noveça que tarde acaesçe,
Asy como afflito que pena e caresçe
De toda folgura e vive angoxoso,
Seguí mi camino assaz trabajoso,
Do yo vi centauros, esphingos, arpinas,
E vi más las formas de fembras marinas,
Nuçientes a Ulixes con canto amoroso.

X

E fuy yo a la ora bien como el troyano
Fuyente los monstruos de las Estrophadas,
Que rompió las olas a velas infladas
E vino al nefando puerto çiclopano.

Si mi baxo estillo aun non es tan plano,
Bien como querrían los que lo leyeron,
Culpen sus ingenios que jamás se dieron
A ver las estorias que non les explano.

XI

Quebravan los archos de huesso, corvados
Con la humana cuerda, d'aquella manera
Que façen la seña o noble bandera
Del magno deffunto los fieles criados,
Rompían las flechas e goldres manchados
Del peloso cuero con tanta fiereça,
Que dubdo si Ecuba sintió más graveça
En sus infortunios que Homero ha contados.

XII

Sus voçes clamosas el ayre espantavan
E de todas partes la turba cresçía,
El extremo sueno las nuves rompía,
E los fondos valles del monte tronavan:
Con húmedos ojos jamás non çessavan
El son lacrimable, el continuo lloro;
Licurgo non fiço por Arthimidoro
Tal duelo, nin todos los que lo lloravan

XIII

Yo non desistiendo de lo començado,
Como el que passa por quien non conosçe,
Passé por aquella campaña feroçe,
Non muy orgulloso, el viso enclinado;
E yendo adelante, vi más en un prado
D'aquella simiente del val demasçeno,
Façer mayor planto que Nesso e Çeleno
Nin todos los otros de quien he contado.

XIV

Aquéllos sus caras sin duelo ferían,
E los cuerpos juntos en tierra lanzavan,
E tan despiadados sus façes rasgavan,
Que bien se mostrava que non lo fengían;
Infinitos otros a éstos seguían,
Con voçes cansadas e tristes açentos,
Blasmando a Fortuna e sus movimientos,
E todos aquéllos que en ella confían.

XV

La fulgor d'Ecates se yva alexando
D'aquel emispherio, e apenas luçía,
La fosca tiniebra el ayre impedía,
E dobles terrores me fueron çercando;
Mas el sacro aspecto que mira, catando
Con beninos ojos a los misserables,
Bien como la nave que suelta los cables
E va con buen viento leda navegando.

XVI

Asy me lavaba por la mesma vía
O estrecha senda que yo he narrado,
Pujando a la cumbre del monte elevado,
Do yo me cuidava que reposaría;
Mas bien como quando de noche e de día
Se fallan compañas en el jubileo
Desde la Monjoya fasta el Zebedeo,
Yo non dava passo sin grand compañía.

XVII

Asy conseguimos aquella carrera
Fasta que llegamos en somo del monte,
Non menos cansados que Dante a Acheronte,
Allí do se passa la triste ribera;

E como yo fuesse en la delantera,
Asy como en fiesta de la Candelaria,
D'antorchas e çirios vi tal luminaria,
Que la selva toda mostrava qual era.

XVIII

Fendiendo la lumbre, yo fuy disçerniendo
Unas ricas andas e lecho guarnido,
De filo d'Arabia labrado e texido,
E nueve donçellas en torno plañendo:
Los cabellos sueltos, las façes rompiendo,
Asy como fijas de padre muy caro,
Diçiendo: «¡Cuytadas!, ya nuestro reparo
Del todo a pedaços va desfalleçiendo.

XIX

»Perdimos a Homero, que mucho honorava
Este sacro monte do nos habitamos,
Perdimos a Ovidio, al qual coronamos
Del árbol laureo, que mucho adamava,
Perdimos a Oraçio, que nos invocava
En todos exordios de su poesía:
Asy diminuye la nuestra valía,
Que en tiempos antiguos tanto prosperava.

XX

»Perdimos a Livio e al Mantuano,
Macrobio, Valerio, Salustio, Magneo,
Pues non olvidemos al moral Enneo,
De quien se laudava el pueblo romano;
Perdimos a Tullio e a Cassaliano,
Alano, Boeçio, Petrarcha, Fulgençio;
Perdimos a Dante, Gaufredo, Terençio,
Juvenal, Estaçio e Quintilïano.

COMPARAÇIÓN

XXI

»E bien como templo a quien fallesçido
Han las sus colupnas con grand antigor
E una tan sola le façe favor,
Asy don Enrique nos ha sostenido,
El qual ha por suyo el çielo elegido
E puesto en compaña de superno choro.
¡Cuytadas!, lloremos tan rico thesoro
Como sin recurso avemos perdido.»

XXII

Sabida la muerte d'aquel mucho amado,
Mayor de los sabios del tiempo pressente,
De dolor pungido, lloré tristemente
E maldixe Antropus, con furia indinado,
E la su crueça que no cata vado
Nin cura de sabio más que de imprudente,
E façe al menguado egual del potente,
Cortando la tela que Cloto ha filado.

FINIDA

Después del Aurora, el sueño passado
Dexome, llevando consigo esta gente,
E vime en el lecho tan encontinente,
Como al pie del monte por mí recontado.

EL INFIERNO DE LOS ENAMORADOS

I

La Fortuna que non çessa,
Siguiendo el curso fadado,
Por una montaña espessa,
Separada de poblado,
Me levó como robado
Fuera de mi poderío:
Asy quel libre alvedrío
Me fué del todo privado.

INVOCAÇIÓN

II

O vos, Mussas, qu'en Parnaso
Façedes habitaçión,
Allí do fiço Pegasso
La fuente de perfectión:
En la fin e conclusión,
En el medio e começando,
Vuestro subsidio demando
En esta propossiçión.

III

Por quanto deçir quál era
El selvaje peligroso
E recontar su manera,
Es acto maravilloso:

E yo non pinto nin gloso
Sylogismos de poetas,
Mas siguiendo líneas retas
Fablaré non infintoso.

IV

Del su modo inconsonable
Non disçierne tal Lucano
De la selva inhabitable
Que taló el bravo Romano.
Si por metros non displano
Mi propósito, e menguare,
El que deffetos fallare
Tome la péñola en mano.

V

Sus frondes communicavan
Con el çielo de Diana,
E tan altas se mostravan
Qu'en naturaleça humana
Non se falla nin explana,
Por auctores nin lettura,
Selva de tan grand altura,
Nin Olimpo de Toscana.

VI

Do muy fieros animales
Se mostravan e leones
E serpientes desyguales,
Grandes tigres e dragones:
De sus diverssas factiones
Non relato por extenso,
Por quanto fablar inmenso
Va contra las conclusiones.

VII

Vengamos a la corona
Que ya non resplandeçía,
D'aquel fijo de Latona,
Mas del todo s'escondía;
E como yo non sabía
De mí, salvo que Ventura,
Contra Raçón e Messura,
Me levó do non quería.

COMPARAÇIÓN

VIII

Como nave combatida
De los adverssarios vientos,
Que dubda de su partida
Por los muchos movimientos,
Iva con mis penssamientos,
Que yo mesmo non sentía,
Quál camino seguiría
De menos contrastamientos.

IX

E como el falcón, que mira
La tierra más despoblada,
E la fambre allí lo tira
Por façer çierta volada,
Yo començé mi jornada
Facia lo más acçesible,
Aviendo por impossible
Mi cuyta ser reparada.

X

Pero non andove tanto
Quanto andar me complía
Por la noche, con espanto
Que las tiniebras traía;
E el propósito que avía
Por éstas fué contrastado,
Asy que finqué cansado
Del sueño que me vencía.

XI

E dormí, maguer con pena,
Fasta en aquella saçón
Que comiença Philomena
La triste lamentaçión
De Thereo e Pandïón,
Al tiempo que muestra el polo
La gentil cara de Apolo
En diurna inflamaçión.

XII

Así prise mi camino
Por vereda que ynorava,
Esperando en el divino
Misterio, a quien invocava
Socorro. Yo que mirava
En torno por el selvaje,
Vi andar por el boscaje
Un puerco que se ladrava.

XIII

¿Quién es que metrificando
Por coplas nin distinçiones,
En prosas nin consonando
Tales difformes visiones,

Sin multitut de renglones,
En su fecho deçir puede?
Ya mi sesso retroçede,
Pensando tantas raçones.

XIV

¡O, sabia Thesalïana!
Si la virgen Atalante
A nuestra vida mundana
Es posible se levante,
Yo sería desmandante,
Con devida çerimonia,
Si el puerco de Calidonia
Se mostró tan admirante.

XV

Pero tornando al vestiglo
E su difforme fechura,
Digna de ser en el siglo
Para siempre en escriptura,
Digo que la su figura,
Maguer que de puerco fuesse,
Ya non es quién jamás viesse
Tal braveça e catadura.

XVI

Bien como la flama ardiente
Que sus çentellas envía
En torno, de continente
De sus ojos paresçía
Que sus rayos desparçía
A do quier que reguardava,
E fuertemente turbava
A quien menos lo temía.

COMPARAÇIÓN

XVII

E como quando ha tirado
La bombarda, en derredor
Finca el corro muy poblado
Del su grand fumo e negror,
Bien d'aquel mesmo color
Una niebra le salía
Por la boca, do volvía
Demostrando su furor.

XVIII

E bien como la saeta,
Que por fuerça e maestría
Sale por su línea reta
Do la ballesta le envía,
Por semejante façía
A do sus púas lançava:
Asy que mucho turbava
A todo ome que lo vía.

XIX

Estando muy espantado
Del animal monstruoso,
Vi venir açelerado
Por el valle fonduoso
Un ome, que tan fermoso
Los vivientes nunca vieron,
Nin aquellos qu'escrivieron
De Narçiso el amoroso.

XX

De la su grand fermosura
Non conviene que más fable,
Ca por bien que la escriptura
Quisiesse lo raçonable
Recontar, lo inextimable,
Era su cara luçiente
Como el sol, quando en Oriente
Façe su curso agradable.

XXI

Un palafrén cavalgava
Muy ricamente guarnido,
E la silla demostrava
Ser feçha d'oro bruñido;
Un capirote vestido
Sobre una ropa bien fecha
Traía de manga estrecha,
A guissa d'ome entendido.

XXII

Traía en su mano diestra
Un venablo de montero,
Un alano a la siniestra
Fermoso e mucho ligero,
E bien como cavallero
Animoso e de coraje,
Aquexava su vïaje
Siguiendo el vestiglo fiero.

XXIII

Non se demostró Cadino
Con desseo tan ferviente
De ferir al serpentino
De la humana simïente,

Nin Perseo tan valiente
Se mostró, quando conquisso
Las tres hermanas, que prisso
Con tarja resplandesçiente.

XXIV

E desque vido el venado
E los dapños que façía,
Soltó muy apressurado
Al alano que traía,
E con muy grand osadía
Bravamente io firió,
Asy que luego cayó
Con la muerte que sentía.

XXV

E como quien tal offiçio
Lo más del tiempo seguía,
Sirviendo d'aquel serviçio
Que a su deessa plaçía,
Acabó su montería,
E, falagando los canes,
Olvidava los afanes
Del cansançio que traía.

XXVI

Por saber más de su fecho,
Delibré de le saluar,
E fuíme luego derecho
Para él, sin más tardar;
E ya sea que avisar
Yo me quisiera primero,
Antes se tiró el sombrero
Que le pudiesse fablar.

XXVII

E con alegre presençia
Me dixo: «Muy bien vengades.»
E yo con grand reverençia
Respondí: «De la que amades
Vos dé Dios, si desseades,
Plaçer e buen gualardón,
Segund que fiço a Jassón,
Pues tan bien vos raçonades.»

XXVIII

«Amigo (dixo) non curo
De amar nin ser amado,
E por Dïana vos juro
Yo nunca fuy enamorado,
E maguer que Amor de grado
Procuró mi compañía,
Vista por mí su falsía,
Me guardé de ser burlado.»

XXIX

Yo le repliqué: «Señor,
¿Qués aquesto que vos façe
Tan sueltamente d'Amor
Blasfemar, e asy vos plaçe?
¿Es que non vos satisfaçe
Serviçio, si le fiçistes,
O por quál raçón dexistes
Que su fecho vos desplaçe?»

XXX

Dixo: «Amigo, non querades
Saber más de lo que digo;
Ca si bien considerades,
Más es obra d'enemigo

Apurar mucho el testigo,
Que d'amigo verdadero:
Mas, pues queredes, yo quiero
Deçir por qué non lo sigo.

XXXI

»Yo soy nieto de Egeo,
Fijo del duque de Athenas,
Aquel que vengó a Tydeo
Ganando tierras agenas;
E soy el que las cadenas
De Cupido quebranté,
E mi mano levanté
Sobre sus fuertes entenas.

XXXII

»Ypólito fuy llamado
E morí segunt morieron
Otros, non por su peccado,
Que por donnas padesçieron;
Mas los dioses que sopieron
Cómo non fuesse culpable,
Me dan siglo delectable
Como a los que dinos fueron.

XXXIII

»E Dïana me depara
En todo tiempo venados,
E fuentes con agua clara
En los valles apartados,
E archos amaestrados
Con que hago çiertos tiros,
E çentauros et satyros
Que m'enseñen los collados.

XXXIV

»E pues que vos he contado
El mi fecho enteramente,
Querría ser infformado,
Señor, si vos es plaçiente,
De quáles tierras o gente
Partides, o qué fortuna
Vos trayó, sin causa alguna,
En este siglo pressente.

XXXV

»Ca non es ome del mundo
Que entre, nin sea osado
En este çentro profundo
E de gentes separado,
Si non el infortunado
Çéphalo, que refuyó,
Al qual Dïana trayó
En el su monte sagrado.

XXXVI

»E otros que ovo en Greçia,
Que la tal vía siguieron,
E segunt fiço Lucreçia,
Por castidat padesçieron:
Los quales todos vinieron
En este logar que vedes,
E con sus canes e redes
Façen lo que allá fiçieron.»

XXXVII

Respondí: «De la partida
Soy donde nasçió Trajano;
E Venus, que non olvida
El nuestro siglo mundano,

Me dió sonnora temprano,
En la jovenil edat,
Do perdí mi libertat
E me fiço sofragano.

XXXVIII

»E Fortuna, que trasmuda
A todo ome sin tardança
E lo lieva do non cuda
Desque vuelve su balança,
Quiere que faga mudança,
E tráyome donde vea
Este logar, porque crea
Que amar es desesperança.

XXXIX

»Pero en esto es engañada,
Si pienssa por tal raçón
Que yo fiçiesse morada
Do non es la mi entençión,
Ca de cuerpo e coraçón
Me soy dado por serviente
A quien creo que non siente
Mi cuydado e perdiçión.»

XL

Una grand pieça cuydando
Estovo en lo que deçía,
E después como dubdando
«¡Ay (dixo), qué bien sería
Que siguiéssedes mi vía,
Por ver en qué trabajades,
E la gloria que esperades
En vuestra postremería!»

XLI

E maguer que yo dubdasse
El camino inusitado,
Penssé, si lo refusasse,
Que me fuesse reprovado;
Asy le dixe: «Pagado
Soy, e presto a vos seguir,
Non çessando de servir
Amor, a quien me soy dado.»

XLII

Començamos de consuno
El camino peligroso
Por un valle como bruno,
Espesso mucho e fragoso;
E sin punto de reposo
Aquel día non çessamos
Fasta tanto que llegamos
En un castillo espantoso.

XLIII

El qual un fuego çercava
En torno, como fossado,
E por bien que remirava
De qué guissa era labrado,
El fumo desordenado
Del todo me resistía:
Asy que non disçernía
Punto de lo fabricado.

XLIV

E como el que retrayendo
Afuera se va del muro,
E del taragón cubriendo,
Temiendo el combate duro,

Desquel fuego tan escuro
Yo vi, fiz aquel semblante
Fasta quel fermoso infante
Me dixo: «Mirad seguro,

XLV

»Ca non es flama quemante,
Como quier yo vos paresca
Ésta que vedes delante,
Nin ardor que vos empesca;
Ardimiento non fallesca
E seguidme diligente:
Pasemos luego la puente
Ante que más dapño cresca.

XLVI

»E toda vil covardía
Conviene que desechemos,
E yo seré vuestra guía
Fasta tanto que lleguemos
Al logar do fallaremos
La desconsolada gente,
Que su desseo ferviente
Los pusso en tales extremos.»

XLVII

Entramos por la barrera
Del alcáçar bien murado,
Fasta la puerta primera,
A do yo vi entretallado
Un título bien obrado
De letras, que concluía:
«El que por Venus se guía
Entre a penar su peccado.»

XLVIII

Ypólyto me guardava
La cara quando leía,
Veyendo que la mudava
El temor que me pungía;
E por çierto presumía
Que yo fuesse atribulado,
Sitiéndome por culpado
De lo que allí s'entendía.

XLIX

Díxome: «Non reçeledes
De passar, maguer veades
En las letras que leedes
Extrañas contrariedades:
Ca el título que mirades
Al ánima se dirige,
Tanto quel cuerpo la rige,
De sus penas non temades.»

COMPARAÇIÓN

L

E bien como el que por yerro
De crimen es condepnado
A muerte de cruel fïerro,
E por su ventura o fado
De lo tal es delibrado
E retorna en su salut,
Asy fiço mi virtut
En el su primero estado.

LI

Entramos por la escureça
Del triste logar eterno,
A do vi tanta graveça
Como dentro en el infierno:
Dédalo, quel grand claverno
Obró de tal maestria,
Por çierto aquí dubdaría
Su saber, si bien disçiendo.

INVOCAÇIÓN

LII

O tú, Planeta diaffano
Que con tu çerco luçiente
Façes el orbe mundano
Clarífico e propalente,
Señor, al caso evidente
Tú me influye poesía,
Porque narre sin falsía
Lo que vi discretaménte.

LIII

Non vimos al Cancervero,
A Minos nin a Plutón,
Nin las tres fadas del fiero
Planto de grand confusión;
Mas Fylis e Demoffón,
Canasçe e a Macareo,
Euredíçe con Orpheo
Vimos en una mansión.

LIV

Vimos Poris con Thesena,
Vimos Eneas e Dido,
E la muy fermosa Elena
Con el segundo marido;
E más en el dolorido
Tormento vimos a Ero
Con el su buen compañero
En el lago peresçido.

LV

Archilles e Poliçena,
E a Hipermestra con Lino,
E la donna de Ravena
De quien fabló el Florentino,
Vimos con su amante, dino
De ser en tal pena puesto;
E vimos, estando en esto,
A Semiramis con Nino.

LVI

Olimpias de Maçedonia,
Madre del grand batallante;
Ulixes, Çirce, Pausonia,
Tisbe con su buen amante,
Hércoles, ío, Athalante,
Vimos en aquel tormento,
E muchos que non recuento,
Que fueron después e ante.

LVII

E, por el siniestro lado,
Cada qual era ferido
En el pecho e muy llagado
De grand golpe dolorido,

Por el qual fuego ençendido
Salía, que los quemava:
Presumit quien tal passava
Si deviera ser nasçido.

LVIII

E con la pena del fuego,
Tristemente lamentavan;
Pero que tornavan luego
E muy manço raçonavan;
E por ver de qué tractavan
Muy passo me fuí llegando
A dos que vi raçonando,
Que en nuestra lengua fablavan.

LIX

Las quales, desque me vieron
E sintieron mis pisadas,
Una a otra se volvieron
Bien como maravilladas.
«O, ánimas affanadas,
(Yo les dixe) que en España
Naçistes, si non m'engaña
La fabla, o fustes criadas!

LX

»Deçitme ¿de qué materia
Tractades, después del lloro,
En este limbo e miseria
Do Amor fiço su thesoro?
Asymesmo vos imploro
Que yo sepa dó nasçistes,
E cómo e por qué venistes
En el miserable choro.»

COMPARAÇIÓN

LXI

E bien como la serena
Quando plañe a la marina,
Començó su cantilena
La un ánima mezquina,
Diçiendo: «Persona dina,
Que por el fuego pasaste,
Escucha, pues preguntaste
Si piedat algo t'enclina.

LXII

»La mayor cuyta que aver
Puede ningún amador,
Es membrarse del plaçer
En el tiempo del dolor,
E ya sea que el ardor
Del fuego nos atormenta,
Mayor dolor nos augmenta
Esta tristeça e langor.

LXIII

»Ca sabe que nos tractamos
De los bienes que perdimos
E del goço que passamos,
Mientra en el mundo vivimos,
Fasta tanto que venimos
A arder en aquesta flama,
Do non se curan de fama
Nin de las glorias que ovimos.

LXIV

»E si por ventura quieres
Saber por qué soy penado,
Pláçeme, porque si fueres
Al tu siglo trasportado,
Digas que fuy condepnado
Por seguir d'Amor sus vías,
E finalmente Maçías
En España fuy llamado.»

LXV

Desque vi su conclussión
E la pena perturable,
Sin façer larga raçón
Respondí: «Tan espantable
Es el fecho abominable,
Maçías, que me recuentas,
Que tus esquivas tormentas
Me façen llaga incurable.

LXVI

»Pero como el soberano
Sólo puede reparar
En tales fechos, hermano,
Plégate de perdonar,
Que ya non me da logar
El tiempo que más me tarde.»
Respondióme: «Dios te guarde,
El qual te quiera guiar.»

LXVII

E volvíme por do fuera
Como quien non se confía,
Buscando quién me truxera
En su guarda e compañía,

E maguer qu'en torno vía
Las ánimas que recuento,
Non lo vi, nin fuí contento,
Nin sope qué me faría.

COMPARAÇIÓN

LXVIII

E bien como Ganimedes
Al çielo fué rebatado
Del águila que leedes,
Segunt vos es demostrado,
De tal guissa fuy robado
Que non sope de mi parte,
Nin por quál raçón nin arte
Me vi de presso librado.

FIN

Asy que lo proçessado
De todo amor me departe,
Nin sé tal que non s'aparte
Si non es loco provado.

VISIÓN

I

Al tiempo que va trençando
Appollo sus crines d'oro
E recoje su thesoro,
Façia el horiçonte andando;
E Diana va mostrando
Su cara resplandesçiente,
Me fallé cabo una fuente,
Do vi tres dueñas llorando.

II

Tito Livio sobressea,
Allá do fabla de Cannas,
Del planto de las romanas;
Ca nin fué nin es quién vea,
Nin por escriptura lea
Tal duelo como facían;
E tan fuerte se ferían,
Ca non es quién bien lo crea.

III

Yo leí de las hermanas
E muger de Campaneo,
Que vinieron a Theseo,
Cuando las guerras thebanas,

E leí de las troyanas,
Cuando su destruyçión;
Pero tal lamentaçión
Non vieron gentes humanas.

IV

La una d'ellas vestía
De tapete negro hopa;
E la segunda una ropa
Que de çafir paresçía;
E la tercera traía
De demasquí blanco fecha
Una cota, muy estrecha
Al logar do se ciñía.

V

Desque vi tal estrañeça
Díxeles con reverençia:
«Donnas de grand exçellençia,
Deçit por vuestra nobleça
¿Quál es la cabsa o tristeça
Por que tan fuerte plañides,
E vuestras caras ferides
Con tan extrema crudeça?»

VI

Con semblante doloroso
Me respuso la primera:
«Amigo, de tal manera
Es el mundo cabteloso,

Que vivienda nin reposo
En España non fallamos:
Asy que nos apartamos
En este valle espantoso.»

VII

Yo les repliqué diçiendo:
«Los vuestros nombres querría,
Señora, si vos plaçía,
Saber, porque non entiendo,
Maguer estoy comidiendo,
Cabsa nin raçón alguna
Por que vos niegue Fortuna
Su favor, non meresçiendo.»

VIII

«Amigo (dixo), *Firmeça*
Es mi nombre por verdat,
E mi hermana es *Lealtat,*
Amiga de la nobleça:
Rayz de toda limpieça,
Esa otra es *Castidat,*
Compañera d'onestat
E socorro d'ardideça.»

IX

El fecho bien entendido
De las tres dueñas quién eran,
E por quál raçón vinieran
En tan estrecho partido,
De muy grand piedat movido,
Non les pude más deçir,
E començé de seguir
El su planto dolorido.

X

Pero desque fuy cansado
De llorar, dixe: «Señoras,
Como aquél que todas oras
Vos amó servir de grado;
Yo vos cuydo aver buscado
Muy conviniente logar,
Donde podades fallar
Reposo e buen gasajado.

XI

»Señoras, saber devedes
Que yo amo çiertamente
La donna más excellente
Que en el mundo fallaredes;
En quien todas tres avedes
Mayor parte qu'en Lucreçia
Nin en las ninphas de Greçia:
Id buscarla; non tardedes.

XII

»A la qual señora mía
Las virtudes cardinales
Son sirvientes espeçiales,
E le façen compañía:
La moral philosophía
Jamás non se parte della,
Con otra gentil donçella
Que se llama *Fidalguia*.»

XIII

Las tres dueñas acordaron
En façer lo que deçía;
E yo les mostré la vía,
E creo non detardaron
De llegar a do fallaron
La donna más virtuosa,
Que por texto nin por glosa
Cuentan de las que loaron.

FIN

D'aquel que solo dexaron
En su pena congoxosa,
Non sabe deçir la prosa
Si gelo recomendaron.

SERRANILLA I

I

Serranillas de Moncayo,
Dios vos dé buen año entero,
Ca de muy torpe lacayo
Faríades cavallero.

II

Ya se passava el verano,
Al tiempo que ome s'apaña
Con la ropa a la tajaña,
Ençima de Boxmediano
  Vi serrana sin argayo
Andar al pie del otero,
Más clara que sale en mayo
El alva nin su luçero.

III

Díxele: «Dios vos mantenga,
Serrana de buen donayre.»
Respondió como en desgayre:
«¡Ay!, que en hora buena venga
  Aquél que para Sanct Payo
Desta yrá mi prisionero.»
E vino a mí como rayo,
Diçiendo: «Presso, montero.»

IV

Díxele: «Non me matedes,
Serrana, sin ser oydo,
Ca yo non soy del partido
Dessos por quien vos lo avedes.
    Aunque me vedes tal sayo,
En Ágreda soy frontero
E non me llaman Pelayo,
Maguer me vedes señero.»

V

Desque oyó lo que deçía,
Dixo: «Perdonat, amigo;
Mas folgat ora conmigo,
E dexat la montería.
    A este çurrón que trayo
Queret ser mi parçionero,
Pues me fallesçió Mingayo,
Que era conmigo ovejero.

FINIDA

»Entre Torrellas e el Fayo
Passaremos el febrero.»
Díxele: «De tal ensayo,
Serrana, soy plaçentero.»

SERRANILLA II

I

En toda la su montanna,
De Trasmoz a Veratón,
Non vi tan gentil serrana.

II

Partiendo de Conejares,
Allá susso en la montaña,
Çerca de la Travessaña,
Camino de Trasovares,
   Encontré moça loçana
Poco más allá de Annón,
Riberas de una fontana.

III

Traía saya apretada,
Muy bien pressa en la çintura;
A guisa d'Extremadura,
Çinta e collera labrada.
   Dixe: «Dios te salve, hermana;
Aunque vengas d'Aragón,
Desta serás castellana.»

IV

Respondióme: «Cavallero,
Non penssés que me tenedes,
Ca primero provaredes
Éste mi dardo pedrero;
   Ca después desta semana
Fago bodas con Antón,
Vaquerizo de Moraña.»

⇥ SERRANILLA III

I

Después que nasçí,
Non vi tal serrana
Como esta mañana.

II

Allá en la vegüela,
A Mata el Espino,
En esse camino
Que va a Loçoyuela,
    De guissa la vi,
Que me fiço gana
La fructa temprana.

III

Garnacha traía
De oro, pressada
Con broncha dorada
Que bien relucía.
    A ella volví
Diçiendo: «Loçana,
¿E soys vos villana?»

IV

    —«Sí, soy, cavallero;
Si por mí lo avedes,
Deçit ¿qué queredes?
Fablat verdadero.»
    Yo le dixe assy:
«Juro por Santana
Que no soys villana.»

aparienciafísica
restimenta.

SERRANILLA IV

I

Por todos estos pinares
Nin en Navalagamella,
Non vi serrana más bella
Que Menga de Mançanares.

II

Desçendiendol yelmo a yusso,
Contral Bovalo tirando,
En esse valle de susso,
Vi serrana estar cantando.
Saluela, segunt es uso,
E dixe: «Serrana, estando
Oyendo, yo non m'excuso
De façer lo que mandares.»

III

Respondióme con uffana:
«Bien vengades, cavallero:
¿Quién os trae de mañana
Por este valle señero?
Ca por toda aquesta llana
Yo non dexo andar vaquero,
Nin pastora, nin serrana,
Sinon Pasqual de Bustares.

IV

Pero ya, pues la ventura
Por aquí vos ha traydo,
Convién en toda figura,
Sin ningunt otro partido,
Que me dedes la çintura,
O entremos a braz partido;
Ca dentro en esta espessura
Vos quiero luchar dos pares.»

V

Desque vi que non podía
Partirme dallí sin daña,
Como aquél que non sabía
De luchar arte nin maña,

Con muy grand malenconia,
Arméle tal guardamaña,
Que cayó con su porfía
Çerca de unos tomellares.

SERRANILLA V

I

Entre Torres e Canena,
A çerca de Salloçar (*),
Fallé moça de Bedmar
Sanct Jullán en buen estrena.

II

Pellote negro vestía
E lienços blancos tocava,
A fuer del Andalucía,
E de alcorques se calçaba.
    Si mi voluntat agena
Non fuera en mejor logar,
Non me pudiera excusar
De ser presso en su cadena.

III

Preguntéle dó venía,
Desque la ove saluado,
O quál camino façía.
Díxome que d'un ganado
    Quel guardavan en Raçena,
E passava al Olivar
Por cojer a varear
Las olivas de Ximena.

(*) En la *Glosa* que se atribuye a Gonzalo de Montalbán
(pág. 149), se lee: *saliendo de vn alloçar*. Leforestier, que ha
identificado a Torres, Canena, Bedmar, Ximena, Jamilena y
Pegalajar en la provincia de Jaén sin conseguir noticia de
Solloçar, cree que la verdadera lección es *allozar* (almendral).

IV

Dixe: «Non vades sennera,
Señora, que esta mañana
Han corrido la ribera,
Aquende de Guadiana,
　　Moros de Valdepurchena
De la guardia de Abdilbar,
Ca de cervos mal passar
Me sería grave pena.»

V

Respondióme: «Non curedes,
Señor, de mi compañía;
Pero graçias e merçedes
A vuestra grand cortesía:
　　Ca Miguel de Jamilena
Con los de Pegalajar
Son passados a atajar:
Vos tornat en ora buena.»

⚔ SERRANILLA VI

I

Moça tan fermosa
Non vi en la frontera,
Como una *vaquera*
De la Finojosa.

II

Façiendo la vía
Del Calatraveño
A Sancta María,
Vençido del sueño,

Por tierra fragosa
Perdí la carrera.
Do vi la *vaquera*
De la Finojosa.

III

En un verde prado
De rosas e flores,
Guardando ganado
Con otros pastores,
La vi tan graçiosa,
Que apenas creyera
Que fuesse *vaquera*
De la Finojosa.

IV

Non creo las rosas
De la primavera
Sean tan fermosas
Nin de tal manera,
Fablando sin glosa,
Si antes sopiera
Daquella *vaquera*
De la Finojosa.

V

Non tanto mirara
Su mucha beldat
Porque me dexara
En mi libertat;
Mas dixe: «Donosa
(Por saber quién era),
¿Dónde es la *vaquera*
De la Finojosa?...»

VI

Bien como riendo,
Dixo: «Bien vengades,
Que ya bien entiendo
Lo que demandades:
  Non es desseosa
De amar, nin lo espera,
Aquessa *vaquera*
De la Finojosa.»

desaire

SERRANILLA VII

Serranilla IX

Serrana, tal casamiento
Non consiento que fagades,
Car de vuestro perdimiento,
Maguer no me conoscades,
  Muy grand desplaçer avría
En ver vos enagenar
En poder de quien mirar
Nin tractar non vos sabría.

SERRANILLA VIII

Madrugando en Robledillo
Por yr buscar un venado,
Fallé luego en Colladillo
Caça de que fuí pagado.
  Al pie daquesa montaña,
La que diçen de Berçosa,
Vi guardar muy grand cabaña
De vacas moça fermosa.
Si voluntat non m'engaña,
Non vi otra más graciosa:
Si alguna desto s'ensaña,
Lóela su enamorado.

⭐ SERRANILLA IX

I

Moçuela de Bores,
Allá do la Lama,
Púsome' en amores.

II

Cuydé de olvidado
Amor me tenía,
Como quien s'avía
Grand tiempo dexado
De tales dolores,
Que más que la llama
Queman amadores.

III

Mas vi la fermosa
de buen continente,
La cara plaçiente,
Fresca como rosa,
De tales colores,
Qual nunca vi dama
Nin otra, señores.

IV

Por lo qual: «Señora,
(Le dixe) en verdat
La vuestra beldat
Saldrá desd'agora
Dentre estos alcores,
Pues meresçe fama
De grandes loores.»

V

Dixo: «Cavallero,
Tiratvos a fuera,
Dexat la vaquera
Passat al otero:
   Ca dos labradores
Me piden de Frama,
Entrambos pastores.»

VI

—«Señora, pastor
Seré si queredes,
Mandarme podedes
Como a servidor:
   Mayores dulçores
Será a mí la brama
Que oyr ruiseñores.»

VII

Asy concluymos
En nuestro proçesso
Sin façer excesso,
E nos avenimos.
   E fueron las flores
De cabe Espinama
Los encobridores.

SERRANILLA X

I

De Vytoria me partía
Un día desta semana,
Por me passar a Alegría
Do vi moça lepuzcana.

II

Entre Gaona e Salvatierra,
En esse valle arbolado
Donde s'aparta la sierra,
La vi guardando ganado,
    Tal como el alvor del día:
En un hargante de grana,
Qual tod'omé la querría...
Non vos digo por hermana.

III

Yo loé las de Moncayo
E sus gestos e colores,
De lo qual non me retrayo,
E la moçuela de Bores;
    Pero tal philosomía,
En toda la su montanna,
Çierto non se fallaría,
Nin fué tan fermosa Yllana.

IV

De la moça de Bedmar,
A fablarvos çiertamente,
Raçón ove de loar
Su grand e buen continente;
    Mas tampoco negaría
La verdat: que tan loçana,
Aprés la señora mía,
Non vi donna nin serrana.

COPLAS DE ANTÓN, EL VAQUERO DE MORAÑA (*)

En toda la trasmontana
nunca vi cosa mejor
que *era su esposa de Antón,
el vaquero de Moraña.*

Por las sierras de Moraña,
do supe que era passión,
vi vna gentil serrana
que me robó el coraçón;
desque vi su perfición
puse en dubda ser humana,
y *era su esposa de Antón,
el vaquero de Moraña.»*

Yo la vi encima de vn cerro
con su lança y su cayado,
y en la otra mano vn perro
rodeando su ganado.

(*) Estas *Coplas de Antón, el vaquero de Moraña,* fueron impresas en pliego suelto en la primera mitad del siglo XVI y se atribuyen a Gonzalo de Montalbán. Interesan
porque se refieren al mismo vaquerizo de la *Serranilla II* y
porque desarrollan —con final diferente— el debate insinua-
do por el Marqués. En la Biblioteca Nacional de Madrid se conservan dos ejemplares de dicho pliego: R. 9452
y R. 9493. (Véase A. Leforestier, *Note sur deux serranillas du Marquis de Santillana,* en *Revue Hispanique,* 1916,
tomo XXXVI, págs. 150-158 y el número 569 del *Ensayo
de Gallardo.*)

Dixe: «Dios te salue, hermano»,
pensando que era varón,
y *era su esposa de Antón,*
el vaquero de Moraña.

«Ve(n)te conmigo, mi bien,
yo te terné por amiga
darte he yo a comer
cada día vna gallina,
    darte he vna gentil cama
con vn rico pauellón,
porque no seas de *Antón,*
el vaquero de Moraña.»

LA SERRANA

«Cauallero, yd vuestra vía
si queréis ser bien librado;
catad que no es cortesía
entender en lo escusado,
    que aunque yo sea serrana
y muy linda en perfeçión,
esto y más meresçe *Antón,*
el vaquero de Moraña.

»Bien pensáys vos, cauallero,
que aunque yo sea muger
que al discreto y linsonjero
no le sabré responder,
y aun presumir de vfana
y tener más presumpçión,
miraré la honra de *Antón,*
el vaquero de Moraña.»

ÉL

Díxele: «Señora mía,
vámonos de aquesta tierra,
que es muy gran descortesía
que biuáis vos en la sierra;
    vámonos adonde son
las gentes en tierra llana,
no queráys al vuestro *Antón,*
el vaquero de Moraña.

    »No tengáys, señora, vos,
pensamiento inhumano,
que según os hizo Dios
no os meresçe aquel villano;
    mas si como soys galana
mirássedes la razón,
oluidariades a *Antón,*
el vaquero de Moraña.»

ELLA

«En esta montaña escura
do la gente bruta está,
la muger nunca procura
sino aquel que Dios le da;
    pues es nuestra condición
atán robusta y villana,
tal me guardo para *Antón,*
el vaquero de Moraña.»

ÉL

«Este que assí os paresçe
mucho le desseo ver,
por sólo poder saber
quién es el que tal meresçe;

mas yo creo que affiçión
es sola la que os engaña
y os hizo querer a *Antón,*
el vaquero de Moraña.»

ELLA

«Verdad es que affiçionada
estoy, que es cosa de espanto,
porque Antón meresçe tanto
que soy yo la bien librada;
   si yo soy fea o galana
o negra como el tizón,
tal me guardo para *Antón,*
el vaquero de Moraña.»

ÉL

«Señora, mal haga Dios
a tan mal casamentero
que a tal dama como a vos
fué a casar con vn vaquero.»

ELLA

Ella dixo: «Assí lo quiero,
por ende mejor librada
en ser esposa de *Antón,*
el vaquero de Moraña.

   »Ydvos pues y acabad
demanda que tan mal suena,
pues sabéys que la bondad
no está en más de ser buena;
   pues que me offende y me daña
vuestra porfía y passión,
dexad el sí para *Antón,*
el vaquero de Moraña.»

ÉL

«Espántome de vna cosa
más graue que nunca vi,
por ser tan linda y hermosa
consentir que estéys aquí;
  porque en tierra tan estraña
estéys aquí sin raçón,
pongo la culpa yo a *Antón,
el vaquero de Moraña.*»

ELLA

«Tras aquellos dos collados
andan más de mil pastores,
todos muertos, requebrados,
perdidos por mis amores;
en balde suffren dolores,
  toda su esperança es vana,
por el bien que quiero a *Antón,
el vaquero de Moraña.*

»Estos que andáys por aquí
lastimados por mi guerra,
más lexos estáys de mí
que está el cielo de la tierra;
yo me estoy en alta sierra
  y vosotros por la llana,
esto es lo que cumple a *Antón,
el vaquero de Moraña.*»

ÉL

«Espérenle malos años
en mal punto porque os vi,
pues que con burlas y engaños
os burláys assí de mí;

¡y qué diablo de serrana!
Vos soys llena de trayçión:
¡mal pesar aya *Antón,*
el vaquero de Moraña!»

ELLA

«Vete dende, mal villano,
no me andes enojando;
si echo la honda en mi mano,
responderte he yo priado;
    no pienses que ando perdida
por andar en la montaña;
en esto siruo yo a *Antón,*
el vaquero de Moraña.»

ÉL

«Señora, quedaos a Dios
pues que no puedo venceros,
que ya me parto de vos
mas no de mucho quereros:
    pues que veo vuestra gana,
vuestro fin y conclusión,
¡bienauenturado *Antón,*
el vaquero de Moraña!»

ELLA

«Boluel acá, el cauallero,
no os vayades assí:
antes que passéys el cerro
no os acordaréys de mí.»
    Diera vn sospiro de gana,
dentro de su coraçón:
«¡Éste no va por *Antón,*
el vaquero de Moraña!»

«Esta noche, cauallero,
cenaréys en mi posada:
daros he yo a cenar
pan y vino, carne assada;
    daros he vn colchón de lana
con vn rico pauellón,
que era de mi esposo *Antón,*
el vaquero de Moraña.»

GONÇALO DE MONTALVÁN

GLOSA (*)

Caminando por la sierra
de montaña despoblada,
ni muy llana ni muy fiera,
en el tiempo que auiá guerra
entre Castilla y Granada,
   yo lleuaua tanta pena
por tan solo caminar
cerca de Sierra Morena,
entre Torres y Ximena,
saliendo de vn alloçar.

Yua muy desconsolado,
todo lleno de tristura;
quiso Dios y mi buen hado
que a la salida de vn prado
me vino vna gran ventura:
   ya quando quiso assomar
fué mi ventura tan buena
que queriéndome apear
vi serrana de Bedmar,
san Julián de buena estrena.

Quando la vi a deshora,
díxele todo turbado:

_____

(*) Esta *Glosa* de la quinta *Serranilla* de Santillana se
publicó en la primera mitad del siglo XVI. Apareció en pliego suelto, del que se guardan dos ejemplares en la Biblioteca Nacional de Madrid: R. 9433 y R. 9464. (Véase
el artículo de Leforestier, citado en la nota anterior.)

«Sálueos Dios, gentil señora,
vengáys mucho en buen hora.»
Respondió muy mesurado.
    Todo sentido perdía
quando su gesto miraua,
el trage que ella traya:
ricas aljubas vestía,
tocados blancos tocaua.

    Y aunque estaua catiuado
del todo mi coraçón,
miré con mayor cuydado
por ver que traya calçado,
donde doblé mi passión;
    mas ninguno se escapaua
de quantos ella veya
con lo que ella captiuaua:
alcorques de oro calçaua
a fuer del Andaluzia.

    Vi tener tanto primor
en quanto encima traya,
quísele pedir fauor
oluidando el gran amoɪ
que en otra parte tenía;
    por ser de graçias tan llena
pensé cierto peligrar
por alcançar tal almena,
si mi libertat agena
no fuera en otro lugar.

    Dixe estar enagenado
en otro lugar primero,
y vi que estaua engañado
dexar perder lo ganado
por lo falso y lisongero;

en fin no quise passar
por amores ya más pena:
si esto no fuera a mirar,
no dexaua de quedar
prisionero en su cadena.

Como quien está al olor
de vna fruta muy sabrosa
ques sustancia sin dulçor,
que quien no goça el sabor
no siente ninguna cosa,
   bien assí desta manera
passé con esta serrana;
por gozar della siquiera,
díxele: «¿Do vays señera,
señora, aquesta mañana?»

Dixe por ponelle miedo
palabras de gran temor,
mas su rostro siempre ledo,
mostrando tener denuedo,
no estimando mi fauor:
   «Salíos por esta ladera,
le dixe, señora hermana,
y dexad esta carrera,
que han corrido la ribera
de allende de Guadiana.

   »Que yo vi dar el rebato
a todos los ganaderos,
y vi a poco rato
cómo dexauan el hato
huyendo por los oteros;
   y anoche después de cena,
me dixeron sin dubdar

que passaron por Ximena
moros de Valdepuchena
con la guarda de Abdilbar.

»Echad por essa espesura,
no queráys ser tan esquiua,
ni darme tanta tristura,
que me ternán a locura
dexaros lleuar captiua;
   no queráys darme pesar
ni mostraros tan agena,
porque es cierto sin dudar
que de veros mal tratar
es a mi doblada pena.»

RESPONDE ELLA

«No he querido responderos
por no daros libertad,
ni dexo de agradesçeros
y en mucha merçed teneros
vuestra buena voluntad:
   y en lo que por mí hazedes
en no vsar de villanía,
no penséys que assí os yredes:
muchas graçias y merçedes
a vuestra gran cortesia.

»Que aunque fuérades amigo
de quien yo estoy aguardando,
no estuuiérades comigo
de la suerte que lo digo
tan cortésmente hablando;
   que puesto que no ay paredes
en esta sierra sombría,

armadas tengo mis redes,
que aunque aquí sola me vedes
no me falta compañía.

»Que tras cada mata destas
do estamos ambos hablando,
ay cien hombres con ballestas,
que, esperando mis requestas,
me están contino aguardando;
    y aunque veys que es luna llena
y moros vengan a entrar,
no tengo por esso pena,
que Miguel de Jamilena
con los de Pegalajar.

»Assí que, pues soys discreto
y de alto meresçer,
lo que está claro y neto
no lo pongáys en effecto
con vna flaca muger;
    sino que os podéys tornar,
guiándoos la Magdalena,
que los que me han de guardar
son salidos a atajar;
vos bolueos en ora buena.»

Gonçalo de Montalván

VILLANÇICO FECHO POR EL MAR-
QUÉS DE SANTILLANA A UNAS
TRES FIJAS SUYAS

I

Por una gentil floresta
De lindas flores e rosas,
Vide tres damas hermosas
Que de amores han reqüesta.
Yo, con voluntad muy presta,
Me llegué a conosçellas:
Començó la una dellas
Esta cançión tan honesta:
    Aguardan a mí:
    Nunca tales guardas vi.

II

Por mirar su fermosura
Destas tres gentiles damas,
Yo cobríme con las ramas,
Metíme so la verdura.
La otra con grand tristura
Començó de sospirar
E deçir este cantar
Con muy honesta messura:
    La niña que amores ha,
    Sola, ¿cómo dormirá?

III

Por no les façer turbança
Non quise yr más adelante
A las que con ordenança
Cantavan tan consonante.
La otra con buen semblante
Dixo: «Señoras de estado,
Pues las dos avéis cantado,
A mí conviene que cante:
    Dejatlo al villano pene;
    Véngueme Dios delle.

IV

Desque ya ovieron cantado
Estas señoras que digo,
Yo salí desconsolado
Como ome sin abrigo.
Ellas dixeron: Amigo,
Non soys vos el que buscamos;
Mas cantar, pues que cantamos:
    Sospirando yva la niña
    E non por mi,
    Que yo bien se lo entendí.

CANTAR QUE FIZO EL MARQUÉS DE SANTILLANA A SUS FIJAS LOANDO SU FERMOSURA

Dos serranas he trovado
A pie de áspera montaña,
Segund es su gesto e maña
Non vezadas de ganado.

I

De espinas trahen los velos
E de oro las crespinas,
Senbradas de perlas finas,
Que le aprietan sus cabellos,
E las trufas bien posadas,
Amas de oro arracadas,
Rrubios, largos, primos, bellos,
Segund donçellas d'estado.

II

Fruentes claras e luzientes,
Las çejas en arco alçadas,
Las narizes afiladas,
Chica boca e blancos dientes,
Ojos prietos e rientes,
Las mexillas como rosas,
Gargantas maravillosas,
Altas, lindas, al mi grado.

III

Carmiso blanco e liso
Cada cual en los sus pechos,
Porque Dios todos sus fechos
Dexó cuando fer las quiso;
Dos pumas de para(í)so
Las (sus) tetas ygualadas,
En la su çinta delgadas
Con aseo adonado.

IV

Blancas manos e pulidas,
E los dedos no espigados,
A las juntas no afeados,
Uñas de argent guarnidas,
Rrubíes e margaridas,
Çafires e dïamantes,
Axorcas ricas, sonantes,
Todas de oro labrado.

V

Ropas trahen a sus guisas
Todas fendidas por rrayas,
Do les paresçen sus sayas
Forradas en peñas grisas;
De martas e ricas sisas
Sus ropas bien asentadas,
De azeytuní quartonadas,
De filo de oro brocado.

VI

Yo las vi, si Dios me vala,
Posadas en sus tapetes,
En sus faldas los blanchetes,
Que demuestran mayor gala.

VII

Los finojos he fincado,
Segund es acostumbrado
A dueñas de grand altura:
Ellas, por la su mesura,
En los pies m'an levantado.

CANÇIÓN

Recuérdate de mi vida,
Pues que viste
Mi partir e despedida
Ser tan triste.

I

Recuérdate que padesco
É padesçí
Las penas que non meresco,
Desque vi
La respuesta non devida
Que me diste;
Por lo qual mi despedida
Fué tan triste.

II

Pero non cuydes, señora,
Que por esto
Te fuy nin te sea agora
Menos presto:
Que de llaga non fengida
Me feriste;
Asy que mi despedida
Fué tan triste.

CANÇIÓN

Ha bien errada opinión
Quien diçe: *tan lexos d'ojos,*
Tan lexos de coraçón.

I

Ca yo vos juro, señora,
Quanto más vos soy absente
Más vos amo çiertamente
É desseo toda ora.
    Esto façe la afectión
Sin compaña de los ojos,
Mas del leal coraçón.

II

Alexatvos do querades,
Ca non vos alexaredes
Tanto nin jamás podredes
Donde non me posseades.
    Ca so tal costelaçión
Vos vieron mis tristes ojos,
Que vos di mi coraçón.

III

Mas non se puede negar,
Aunque yo non vos olvido,
Que non sienta mi sentido
Dolor de non vos mirar.
    Pues diré con grand raçón:
Çedo vos vean mis ojos
De todo buen coraçón.

DEÇIR CONTRA LOS ARAGONESES

I

Uno pienssa el vayo
E otro el que lo ensilla:
Non será grand maravilla,
Pues tan çerca viene el mayo,
Que se vistan negro sayo
Navarros e aragoneses,
E que pierdan los arneses
En las faldas de Moncayo.

II

El que arma manganilla
Assaz veçes cae en ella:
Si s'ençiende esta çentella
Quemará fasta Çeçilia.
Los que son desta quadrilla
Suenan siempre e van sonando,
E quedarse han santiguando
Con la mano en la mexilla.

III

Tal se pienssa santiguar
Que se quebranta los ojos:
Son peores los abrojos
De cojer que de sembrar:

Ni por mucho madrugar
No amanesçe más ayna.

....

E a las veçes faz pecar.

IV

Muchos muestran ardideça;
E cobriendo grand desmayo,
Aunque plaça canta Payo,
De aquesta en su cabo reça.
El escasso, con franqueça
Da de lo axeno a montones:
Los que son cuerdos varones
Ríense de tal simpleça.

FIN

Pues en fingir de proeça
Todo el mundo es oppiniones;
Pero sus consolaçiones
Todas serán con tristeça.

RESPUESTA DE JUAN DE DUEÑAS

I

Aunque visto mal argayo,
Ríome desta fablilla;
Porque algunos de Castilla
Chirlan más que papagayo.
Ya vinieron al enssayo
Con aquellos montanyeses:
Preguntatlo a cordoveses
Cómo muerden en su sayo.

II

Atal trahe a Terradilla
Que por esso no es donçella;
Nin la muger non es bella
Por tener mucha conçilla.
El fidalgo que s'avilla,
De muy fuerte ymaginando,
Faga sus fechos callando,
Pues la guerra es en la villa.

III

Nin por mucho amenaçar,
Non vos enganyen antojos
De cobrar nuestros espojos,
Más presto que por callar:

Ca más negra es de jurar,
Segunt mi sesso adevina:
La prueba, dona Marina,
Non puede mucho tardar.

IV

Nin por vuestra fortaleça
No ay acá fasta el lacayo
Que vos dexel capisayo,
Si non le days la corteça.
Mas con toda mi rudeça
Juro, por mis oraçiones,
Que más de quatro garçones
Busqués la paz e firmeça.

FIN

Bien fablar es gentileça,
Pues non cuesta grandes dones;
Mas, segunt vuestras raçones,
Non son de muy grand destreça.

SONETOS FECHOS AL ITÁLICO MODO

IX

En este nono soneto el actor muestra cómo un día de una grand fiesta vió a la señora suya en cabello, e diçe ser los cabellos suyos muy rubios e de la color de la estupaça, que es una piedra que ha la color como el oro. Diçe asy mesmo que los premía una verdor plaçiente e flores de jazmines: quiso deçir que la crespino suya era de seda verde e de perlas.

Non es el rayo de Febo luçiente,
Nin los filos d'Arabia más fermosos
Que los vuestros cabellos luminosos,
Nin gema d'estupaça tan fulgente.

Eran ligados d'un verdor plaçiente
E flores de jazmín, que los ornava;
E su perfetta belleça mostrava,
Cual viva flama o estrella d'oriente.

Loó mi lengua, maguer sea indina,
Aquel buen punto que primero vi
La vuestra imagen e forma divina,

Tal como perla e claro rubí,
E vuestra vista társica e benina,
A cuyo esguarde e merçed me di.

XVIII

Lexos de vos e cerca de cuydado,
Pobre de goço e rico de tristeça,
Fallido de reposo e abastado
De mortal pena, congoxa e braveça;

Desnudo d'esperança e abrigado
Dinmensa cuyta e visto d'aspereça,
La mi vida me fuye, mal mi grado,
La muerte me persigue sin pereça.

Nin son bastantes a satisfaçer
La set ardiente de mi grand desseo
Tajo al pressente, nin me socorrer.

La enferma Guadiana, nin lo creo:
Sólo Guadalquevir tiene poder
De me guarir e sólo aquel desseo.

XXX

Otro soneto del Marqués, amonestando a los onbres
a bien vivir.

Non es a nos de limitar el año,
El mes, nin la semana, nin el día,
La ora, el punto!... Sea tal engaño
Lexos de nos e fuyga toda vía.

Quando menos dubdamos nuestro dapño,
La grand baylessa de nuestra baylía
Corta la tela del humanal paño:
Non suenan trompas, nin nos desafía.

Pues non sirvamos a quien non devemos,
Nin es servida con mill servidores:
Naturaleça, si bien lo entendemos,

De poco es farta, nin procura honores:
Jove se sirva e a Çeres dexemos;
Nin piense alguno servir dos señores.

XXXVI

Otro soneto quel Marqués fiço en loor de sanct
Miguel Arcángel, a suplicaçión de la viscondessa de
Torija, doña Ysabel de Borbón.

Del çelestial exérçito patrón
E del segundo choro más preçioso,
De los ángeles malos dapnaçión,
Miguel Arcángel, duque glorïoso;

Muy digno alférez del sacro pendón,
Invençible cruçado vittorioso,
Tú debellastes al cruel dragón
En virtut del Exçelso poderoso.

Por todos estos premios te honoramos
E veneramos, príncipe exçellente;
E bien por ellos mesmos te rogamos

Que ruegues al Señor, e muy potente
Nos dinifique, porque posseamos
La gloria a todas glorias preçedente.